系列丛书

大国安全

NATIONAL SECURITY

吴强 主编

上海教育出版社

目　录

第一章　习近平总体国家安全观和中国特色国家安全道路思想

习近平总书记在党的十九大报告中指出，统筹发展和安全，增强忧患意识，做到居安思危，是我们党治国理政的一个重大原则。坚持总体国家安全观，必须坚持国家利益至上，以人民安全为宗旨，以政治安全为根本，统筹外部安全和内部安全、国土安全和国民安全、传统安全和非传统安全、自身安全和共同安全，完善国家安全制度体系，加强国家安全能力建设，坚决维护国家主权、安全、发展利益。

问题

- 习近平总体国家安全观和中国特色国家安全道路战略思想的内涵是什么？
- 如何理解习近平总体国家安全观和中国特色国家安全道路战略思想的内容结构？
- 落实习近平总体国家安全观和中国特色国家安全道路战略思想的基本要求是什么？

第一节　时代主题的变迁与国家安全

2007年6月22日，《中国青年报》刊登了一篇文章：《中日两国历史考题比较》[①]，文章以中日两国历史试题对学生历史知识和思考问题能力测评点的差异为基础，阐释其关于历史教育应如何面向未来的建议。案例如下：

中日两国渊源极深，所以不妨在此对两国的历史考题稍作比较。中国的高考题中问道：甲午中日战争中方战败，为此中方赔款几何，割地几许？而日本考题是怎

① 徐国智：《中日两国历史考题比较》，《中国青年报》，2007年6月22日。

样的呢？他们的教师给高中生布置了这样一道题：日本和中国一百年打一次仗，19世纪打了日清战争(我们叫作甲午战争)，20世纪打了一场日中战争(我们叫作抗日战争)，21世纪如果日本和中国开战，你认为是什么时候？可能的远因和近因是什么？如果日本赢了，是赢在什么方面？输了是输在什么条件上？请做分析。

其中有个日本高中生是这样分析的："我们跟中国很可能在台湾回归中国以后，有一场激战。台湾如果回归中国，中国会把基隆与高雄封锁起来，我们的货轮就只好统统走右边。这样，就会增加日本的运油成本。我们的石油从波斯湾出来跨过印度洋，穿过马六甲海峡，再北上中国南海，跨台湾海峡进东海，到日本海，这是石油生命线，中国政府如果把台湾海峡封锁起来，我们的货轮一定要从那里经过，我们的军舰就会出动，中国海军一看到日本出兵，马上就会迎战，两国立刻会打起来！按照判断，公元2015年至2020年之间，这场战争可能爆发。所以，我们要做对华战争的准备。"

其他学生的判断，也都是中国跟日本的摩擦，会从东海开始，从台湾海峡开始，时间判断是2015年至2020年之间。

自然，学生的答案不必当真，但从中可以看出，日本的历史教育是面向未来的，中国则更多沉浸于过去的记忆中。耻辱不该被遗忘，可我们更需要面向未来。中国现今的教育方式下，许多高考题都是考背诵功力的题，又有几个学生会去想、敢去想将来会何如？

只听伟人说"读史使人明智"，没听说过"死记硬背使人明智"的，背出书呆子的可能性倒是不小。

这一案例引起了很大关注，主要聚焦于历史教育的方法论解读。学者争论虽见仁见智，但基本共识还是有的，即历史维度、未来眼光、当代思维。

这一案例的时间跨度是三个100年，正如有些学者讨论的，从社会发展的角度看，前两个100年，日本不仅对中华民族造成了巨大的灾难，而且还中断了中华民族两次现代化的历史进程。第三个100年，中华民族第三次现代化被中断的"灾难"还会重演吗？

"提问"的逻辑是推论性的，但讨论的话题却是沉重的，它浓缩了中华民族200年来曾经历过"苦难"的集体记忆。

"历史的悲剧"会重演吗？不会的！绝不会让"历史的悲剧"重演！

21世纪，现代化已经向我们迎面走来。建党100年时，2020年中国全面建成小康社会；中华人民共和国成立100年时，2049年中国将全面实现现代化，建成现代化强国。

我们有能力捍卫国家安全！

21 世纪，中华民族实现从站起来、富起来到强起来的历史飞跃，是因为抓住了和平发展的历史机遇！

21 世纪，我们还要进一步强化总体国家安全意识，为实现国家富强、人民幸福、民族复兴的“中国梦”，提供更好的和平发展的国际环境！

21 世纪，在中国共产党的领导下，中国已经是全世界第二大经济体，中国对世界经济增长的贡献率已经达到了三分之一，我们有信心捍卫国家安全。

一、时代主题变迁及其历史特点

当今世界正在发生深刻复杂的变化，但和平与发展仍然是时代主题。

所谓时代主题，“是指世界范围内最重要、最突出、最活跃的基本矛盾和根本问题，是国际社会在一个较长时段里所面临的主要任务和主要课题。时代主题属于战略性、基础性的重大判断，对中国特色社会主义理论和实践具有重大的影响”。①

19 世纪末 20 世纪初，列宁冷静地观察到自由资本主义发展到垄断资本主义，即帝国主义的新态势。资本主义演变为帝国主义以及第一次世界大战和俄国社会主义革命等诸多因素的相互作用，促发世界经济政治格局出现了新的特点。列宁敏锐地意识到这一新变化的态势，并用“帝国主义时代”和“无产阶级革命时代”的新理念，对这一历史变化作出了新的概括。列宁的这一思想，被后来的社会主义阵营认同并继承发展。具有代表性的案例，是毛泽东关于战争与革命时代主题的概括和总结。

但是到了 20 世纪下半叶，世界的经济政治格局发生了历史性的变化。其中有两个重要的特点：

一是科学技术，从与军事斗争相结合逐渐演变为与资本竞争相结合，引发了经济全球化的新浪潮。军事科技民品化、资本化，是这一经济全球化动力的主要推手。

二是科学技术的市场化，客观上推动了世界经济全球化。“科学技术”作为“第一生产力”在经济全球化进程中所获得的经济和社会效益，远远大于军事“冲突”所获得的“外部收益”。最典型的案例就是后来的德国之于欧盟的启示，即合作收益大于冲突收益。这一变化使人们意识到，军事斗争逐渐让位于经济合作与竞争的发展

---

① 钟伟等：《我党关于时代主题的论断是如何发展的》，《北京日报》，2012 年 12 月 17 日。

方式，会成为经济利润的主要源泉。

以科技革命为主要动力的全球经济竞争与合作，对世界经济资源的转移方式和政治资源的分化组合方式，产生的影响是巨大的。特别是在20世纪七八十年代以来，各国以科技革命为主要动力的综合国力的竞争，已经成为经济全球化配置资源的主要方式。在新的历史条件下，在国民经济规划中，再固守“战争与革命”的惯性思维直接或间接地配置本国生产力资源，难以在经济全球化的背景下取得国家竞争的综合优势，这已经成为不争的事实。因此，是否能敏锐地洞悉这一时代主题的历史变迁，就成为我国在新时代能否振兴经济、推动社会发展的刚性约束。

在20世纪七八十年代，中国改革开放的总设计师邓小平同志敏锐地意识到这一点，提出了“和平与发展”的时代主题。1984年5月29日，邓小平在会见巴西总统菲格雷多时，他首先提出了“和平与发展”是时代主题的思想。1985年3月4日，邓小平在会见日本商工会议所访华团时更直接提出：“现在世界上真正大的问题，带全球性的战略问题，一个是和平问题，一个是经济问题或者说发展问题。和平问题是东西问题，发展问题是南北问题。概括起来，就是东西南北四个字。”[①]

概括地说，关于和平与发展时代主题的基本判断，主要基于以下几点认识：

一是世界大战是可以避免的，争取一个较长时期的和平环境是可能的。在邓小平看来，二战后，国际关系虽然一直处在紧张状态，以美国和苏联为首的东西两大政治集团长期对峙，冷战的阴影笼罩着世界，局部战争和冲突持续不断，但核战争的恐怖后果使美苏双方不敢轻易发动战争，世界范围内较长时期保持相对的和平态势是可能的。

二是关于世界格局和态势的看法，过去长期以来受到“战争不可避免”大局判断的束缚，国家资源配置和发展方式掣肘于战争思维，经济的均衡发展受到较大的影响。从国内经济社会发展的客观需要出发，结合世界经济和平发展的新特点，邓小平基于长期内不发生世界大战的可能性和争取世界和平环境可期性的判断，提出了社会发展重心向经济发展转变的理念和思路。到了20世纪八九十年代，随着东欧剧变和苏联解体，世界经济社会发展的态势进一步向“缓和”发展。实践表明，邓小平关于“和平与发展”时代主题的判断，是符合世界经济社会发展规律的，中国的发展也正是抓住了这一大好的历史机遇期，才有了今天的成就。

三是“和平与发展”作为当前世界的时代主题，只是提出问题，还没有彻底解决

① 《邓小平文选》第3卷，北京：人民出版社，1993年，第105页。

问题。虽然当前历史上“东西关系”已经不复存在，传统的“南北关系”也与过去有很大的不同，但是关于世界“和平与发展”的问题，至今并没有完全解决。影响和平与发展的不确定因素依然存在，并具有了新的形式。例如，传统安全威胁与非传统安全威胁的因素相互交织，危机地区和世界和平愿望不协调；民族、宗教矛盾和边界争端引发的局部冲突时起时伏，有的热点地区冲突还在加剧；“南北矛盾问题”进一步冲突，当前北强南弱、北富南穷的经济格局在相当一个时期内难以改变。这些局部热点问题和冲突的性质，使得一个国家的发展与安全问题的矛盾日益提到国家发展战略层面上来。因安全风险因素失控颠覆国家安全或发展进程的案例屡见不鲜。[①]

二、大国崛起与“一带一路”沿线的安全风险研判

当前中国经济社会发展已经取得了长足的进步，中国经济对世界经济的贡献率已经具有了举足轻重的地位。

中国经济长期以来呈两位数的增长，2016 年的增速是 6.7%。与前几年 8%的经济增速相比，6.7%的数字只能算是中高速。但从全球范围来看，欧、美、日等主要经济体对世界经济增长的带动作用明显减弱，印度等国虽然增速较快，但经济规模不大，而巴西、俄罗斯等国尚未走出衰退的阴影。

在中国经济快速发展的同时，中国周边的安全形势越发复杂，不安全的风险因素日益增加，并且具有了新的形势和特点。有的学者把中国的崛起与周边相关区域乃至国际环境的安全风险因素的增加称为“成长的烦恼”。

非传统的安全因素在中国国际安全环境的因素中，所占比重不断增加。以“一带一路”沿线安全形势和风险因素的特点为例：[②]

就世界国际安全环境的一般态势而言，和平与发展仍然是世界发展的主基调，但就国际安全形势而言，更加错综复杂。“一带一路”沿线国家和地区的安全形势，不仅错综复杂，还具有多元性的特征，特别是以“伊斯兰国”为首的国际恐怖势力和其他形形色色极端势力的猖獗，使得这一地区的安全威胁已由区域性安全威胁转变为全球性安全威胁。此外，沿线一些国家和地区的社会治安日趋恶化，各类刑事犯罪案件高发不下，自然灾害、流行性疾病接连发生，这给我国推进实施“一带一路”倡议带来诸多风险与挑战。

---

① 刘绍学主编：《邓小平理论与“三个代表”重要思想概论》，上海：上海大学出版社，2003 年，第 287 页。

② 李敏：《“一带一路”沿线地区的安全形势和我国的对策》，《领导文萃》，2017 年第 2 期。

首先,“一带一路”重在推进各国基础设施建设,以实现互利共赢,但对这些周边国家而言,不仅涉及经济建设双边或多边关系,更关乎相关国家敏感的安全问题。特别是一些主要大国关于未来领导权的争夺,都会直接或间接地对“一带一路”沿线国家和地区产生不同程度的影响。例如,各主要大国围绕未来战略主导权之争,使大国矛盾进一步凸显,美欧与俄罗斯因乌克兰问题爆发冷战结束以来最激烈的正面对峙;中美亚太共处成为战略难题;美、中、俄、日、印等大国多边及双边关系更加敏感复杂,必将深刻影响并决定国际力量变化和国际格局走向。

其次,中东冲突不断,亚太事端不止,不确定性大增。例如,叙利亚内战持续恶化;埃及、突尼斯、摩洛哥、利比亚宗教与世俗力量交锋激烈;伊拉克、叙利亚两地的“伊斯兰国”成为国际恐怖主义新“领头羊”,中东渐成国际恐怖活动新策源地。

亚太成为全球高风险地缘带。朝鲜进行第五次核试验并发射远程火箭,美国在韩国部署“萨德”系统,朝鲜半岛陷入前所未有的危机。日本加大在钓鱼岛和东海方向的挑衅,扩充海上力量,谋求对中国的海上优势;“乌伊运”加速回流中亚,中亚遭极端思想渗透,新兴暴恐组织不断滋生;南海、东海形势持续紧张,“两海联动”增强。

再次,非传统安全挑战层出不穷,全球治理力不从心。国际恐怖主义严重威胁国际社会安全和稳定。恐怖活动更加分散,恐怖威胁不减反增并向全球蔓延,已形成以“伊斯兰国”组织为核心的全球网络。他们网上宣教,网上联络,网上发展,网上传播制爆制恐技术,每个国家都深受其害。

与此相对应的是,因各方诉求不同、战略互信不够、地区矛盾掣肘、反恐双重标准等问题,国际联合反恐行动虚多实少,全球反恐统一战线尚未形成,新的安全秩序正在构建,现有安全机制难以应对国际恐怖主义的快速发展。如何加强国际反恐协调与合作,有效应对国际恐怖主义对全球安全构成的挑战,将成为今后国际安全的重要课题。

总之,在和平与发展时代主题的大背景下,中国经济社会发展,经过了站起来、富起来、强起来的不同发展阶段,处理好国家关系、建设好国际环境,特别是处理好和平发展背景下非传统安全的挑战、实现总体国家安全的战略目标,具有重要的战略意义和实践意义。

三、以人民安全为宗旨的《国家安全法》

在和平与发展的时代主题下判断世界安全格局、“一带一路”沿线的安全形势和任务,主要聚焦两大领域,即传统安全与非传统安全问题。其基本态势是传统安全与非传统安全现象相互交织，非传统安全现象日益突出。传统安全与非传统安全的诱发因素是不同的，但是在特定条件下，非传统安全因素会诱发传统安全危机。因此，在总体的“和平与发展”时代主题的大背景下，非传统安全因素引发危机复杂性和综合性的挑战，致使“和平与发展”的时代主题凸显了“发展与安全”的时代课题。一方面，是传统社会的“和平与发展”；另一方面，是非传统社会及风险社会的“发展与安全”。这两个方面的相互联系，构成了一个国家应对传统社会和风险社会的《国家安全法》和《突发事件应对法》的互补结构。

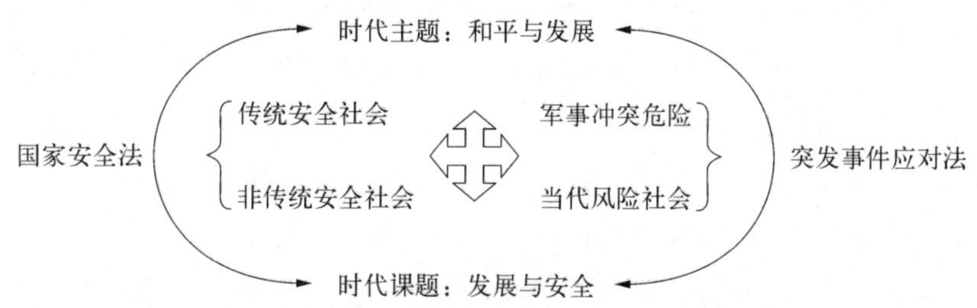

（注：《中华人民共和国国家安全法》与《中华人民共和国突发事件应对法》在新时期是互补的。“应对法”虽然主要是应对内部突发事件的处置，但在新的历史条件下，非传统安全突发事件，往往具有内外联动的特点，因此，就应对或化解“发展与安全”课题的视阈而言，二法联动应引起高度重视。）

《中华人民共和国国家安全法》于 2015 年公布实施。在本法之前，1993 年我国曾公布实施过一部“国家安全法”，主要是规定国家安全机关履行的职责特别是反间谍工作方面的职责。2014 年 11 月 1 日，十二届全国人大常委会第十一次会议审议通过了《中华人民共和国反间谍法》，相应废止了 1993 年 2 月 22 日通过的“国家安全法”。

2015 年的《中华人民共和国国家安全法》的立法目的，是为了维护国家安全，保卫人民民主专政的政权和中国特色社会主义制度，保护人民的根本利益，保障改革开放和社会主义现代化建设的顺利进行，实现中华民族伟大复兴。

这部法律定义了国家安全的内涵，即国家安全是指国家政权、主权、统一和领土完整、人民福祉、经济社会可持续发展和国家其他重大利益相对处于没有危险和不受内外威胁的状态，以及保障持续安全状态的能力。

该法强化了国家安全工作的根本方针及其领导体制，即国家安全工作应当坚持总体国家安全观，以人民安全为宗旨，以政治安全为根本，以经济安全为基础，以军事、文化、社会安全为保障，以促进国际安全为依托，维护各领域国家安全，构建国家安全体系，走中国特色国家安全道路。坚持中国共产党对国家安全工作的领导，建立集中统一、高效权威的国家安全领导体制。

如果从风险社会非传统安全因素着眼，2007 年公布实施的《中华人民共和国突发事件应对法》，在法理以及非传统安全因素管控上，与《中华人民共和国国家安全法》具有较强的互补作用，除了一般的生产安全、自然环境安全外，还包括社会安全的风险管理与非传统安全突发事件的管控，具有较强的关联性。

《中华人民共和国突发事件应对法》的立法目的，是为了预防和减少突发事件的发生，控制、减轻和消除突发事件引起的严重社会危害，规范突发事件应对活动，保护人民生命财产安全，维护国家安全、公共安全、环境安全和社会秩序。

所谓突发事件，是指突然发生，造成或者可能造成严重社会危害，需要采取应急处置措施予以应对的自然灾害、事故灾难、公共卫生事件和社会安全事件。

突发事件风险管控流程，是指突发事件的预防与应急准备、监测与预警、应急处置与救援、事后恢复与重建等应对活动。

突发事件应对工作的基本方针，是实行预防为主、预防与应急相结合的原则。国家建立重大突发事件风险评估体系，对可能发生的突发事件进行综合性评估，减少重大突发事件的发生，最大限度地减轻重大突发事件的影响。

无论从国家安全还是从有效应对非传统安全因素“突发事件”的角度看，《中华人民共和国突发事件应对法》与《中华人民共和国国家安全法》第四章的“国家安全制度”诸环节，互补性较强。特别是二、三、四、五节的“情报信息—风险预防、评估和预警—审查监管—危机管控”安全流程管理方面，与《中华人民共和国突发事件应对法》是一致的。从国际上非传统安全事件的经验教训来看，如果“二法兼用”，会产生“1＋1＞2”的效果。

在发展与安全时代课题下的安全风险管理，非传统安全风险向传统安全领域渗透，即便是自然性的或偶发因素的诱因，如果被改头换面或别有用心地加以利用，或借用非传统安全形式加以包装，以实现其在传统安全或者军事安全上所达不到的目的或动机，其危险指数和破坏力会更大。例如，所谓的“颜色革命”就具有非传统安全因素诱发、颠覆传统安全秩序的典型特征。

总之，20 世纪中叶始，世界上的主要大国都陆续制定了国家安全法，并与之相适应成立了国家安全委员会，例如美国和俄罗斯。随后，其他国家陆续跟进。随着世界经济和政治形势的变迁，特别是经济全球化，跨国公司的兴起，跨国乃至跨地区政治联盟的复兴等国际化的现象勃兴，“国家安全”也从军事安全的“三目标”，如保障国家不受侵略、国家主权统一完整以及和平环境等，逐渐向非军事安全领域演变或拓展，包括能源危机、跨国犯罪、恐怖主义、和平演变、种族冲突等。因此当今的国家安全不仅指政治安全、军事安全，还包括经济安全、文化安全、科技安全、信息安全、生态安全等。

我国2015年公布实施的《中华人民共和国国家安全法》，综合考量了军事安全和非军事安全的因素，并关注到了非传统安全因素诱发突发事件的"应急处置程序"，更加具有针对性和实践性，对我国的国家安全环境、民生建设、人权保障、中华民族的伟大复兴以及实现"中国梦"具有重大意义。

第二节　习近平总体国家安全观和中国特色国家安全道路的战略思想

一、"国家安全委员会"及其主要职责

设立国家安全委员会是党的十八届三中全会提出来的。十八届三中全会有一个非常重要的主题或者战略目标即全面深化改革，完善中国特色社会主义制度，推进国家治理体系和治理能力现代化。国家安全就是推进国家治理体系现代化的一个重要的内容。设立国家安全委员会也是其一项重要举措。

设立国家安全委员会，一般是大国的标配。世界上的许多国家都有国家安全委员会，美国、俄罗斯、英国、法国、德国、日本、印度、巴基斯坦、以色列、澳大利亚等国家都设立了国家安全委员会或职能类似的机构。这些部门机构有着相同或相近的职能，对国家的政治和安全事务有着重要影响。

我国作为世界大国和强国，设立国家安全委员会，既符合国际惯例，又具有中国的特色。

这个中国特色是什么呢？就是中央国家安全委员会隶属党的系统，是党的一个机构。它不是一个政府机构，是我们党最高层的决策协调机构。在此意义上，这个委员会的设立，具有里程碑的意义。

国家安全委员会都有哪些职责呢？主要职责有两个：一是制定全方位的国家安全战略，二是处理重大危机事件和维护国家安全。简言之是两件事，一是制定，二是实施。就是制定国家安全战略，处理重大的危机事件。维护国家安全的总体范围主要有两个方面，传统安全和非传统安全。

传统安全包括军事安全和与军事安全相关的政治安全，主要表现为领海、领土

完整以及地区局势等;非传统安全,如毒品问题,恐怖主义、分裂主义、国际海盗以及贩卖人口、偷渡走私活动,自然灾害,应对网络信息安全、经济安全、空间安全等。

习近平总书记强调,国家安全不仅事关国泰民安,而且还与执政党的地位密切相关。因此,要增强忧患意识,做到居安思危,是我们治党治国必须始终坚持的一个重大原则。我们党要巩固执政地位,要团结带领人民坚持和发展中国特色社会主义,保证国家安全是头等大事。

习近平总书记进一步指出,党的十八届三中全会决定成立国家安全委员会,是推进国家治理体系和治理能力现代化、实现国家长治久安的迫切要求,是全面建成小康社会、实现中华民族伟大复兴中国梦的重要保障,目的就是更好适应我国国家安全面临的新形势、新任务,建立集中统一、高效权威的国家安全体制,加强对国家安全工作的领导。

二、实施总体国家安全观和中国特色国家安全道路战略思想的重要举措

习近平总书记关于国家安全提出了总体国家安全观和中国特色国家安全道路的战略思想。为了实施这一战略思想,推出了以下五个方面的重要举措。

一是设立中央国家安全委员会。2014 年 1 月 24 日,中央政治局会议上研究国家安全委员会的设置。明确中央国家安全委员会作为中共中央关于国家安全工作决策和议事协调机构,向中央政治局、中央政治局常务委员会负责,统筹协调涉及国家安全的重大事项和重要工作。中央国家安全委员会设主席一名、副主席两名,下设常务委员会和委员若干。

二是制定《国家安全战略纲要》。2015 年 1 月 23 日 ,中央政治局会议审议通过了《国家安全战略纲要》。“纲要”强调,在新形势下维护国家安全,必须坚持以总体国家安全观为指导,坚决维护国家核心和重大利益,以人民安全为宗旨,在发展和改革开放中促安全,走中国特色国家安全道路。要做好各领域国家安全工作,大力推进国家安全各种保障能力建设,把法治贯穿于维护国家安全的全过程。

三是召开中央国家安全委员会第一次会议。2014 年 4 月,在中央国家安全委员会第一次会议上,习近平总书记提出了总体国家安全观重大战略思想,即“一观一路”。

四是制定了新的《中华人民共和国国家安全法》。2015 年 7 月 1 日,第十二届全

国人大常委会第十五次会议，通过《中华人民共和国国家安全法》，将每年的4月15日确定为全民国家安全教育日。

五是审议通过《关于加强国家安全工作的意见》。2016年12月9日，中共中央政治局召开会议，审议通过《关于加强国家安全工作的意见》，强调国家安全工作必须坚持总体国家安全观，以人民安全为宗旨，统筹国内国际两个大局，统筹发展安全两件大事，有效整合各方面力量，综合运用各种手段，维护各领域国家安全，构建国家安全体系，走中国特色国家安全道路；必须坚持集中统一、高效权威的国家安全领导体制；必须坚持国家安全一切为了人民，一切依靠人民；必须坚持社会主义法治原则；必须开展国家安全宣传教育，增强全社会国家安全意识。

三、习近平总体国家安全观和中国特色国家安全道路战略思想的主要内容

习近平总体国家安全观和中国特色国家安全道路的国家安全的战略思想，是在2014年4月，中央国家安全委员会第一次会议的讲话中提出的。习近平总书记指出，“要准确把握国家安全形势变化新特点新趋势，坚持总体国家安全观，走出一条中国特色国家安全道路”。

2017年2月，习近平总书记在北京主持召开国家安全工作座谈会，又进一步强调，“要准确把握国家安全形势，牢固树立和认真贯彻总体国家安全观，以人民安全为宗旨，走中国特色国家安全道路，努力开创国家安全工作新局面，为中华民族伟大复兴中国梦提供坚实安全保障”。

概括习近平总书记关于“一观一路”的战略思想，有以下几点解读：

所谓“一观”，就是坚持总体国家安全观，即“坚持总体国家安全观，以人民安全为宗旨，统筹国内国际两个大局，统筹发展安全两件大事，有效整合各方面力量，综合运用各种手段，维护各领域国家安全，构建国家安全体系，走中国特色国家安全道路”。“一观”思想的本质，即“国家安全工作归根结底是保障人民利益，要坚持国家安全一切为了人民、一切依靠人民，为群众安居乐业提供坚强保障”。

所谓“一路”，就是走出一条中国特色国家安全道路，即“必须坚持总体国家安全观，以人民安全为宗旨，以政治安全为根本，以经济安全为基础，以军事、文化、社会安全为保障，以促进国际安全为依托，走出一条中国特色国家安全道路”。

国内专家把这条道路的五个要素的关系，概括为“五位一体”国家安全的结构体系。

无论从道路还是从结构体系的角度，解读这五个要素的内涵和意义，其核心都是要“以人民为中心”这一本体进行总体国家安全的战略布局。

1. 以人民安全为宗旨，就是要求发展必须安全，安全为了发展

以人民安全为宗旨，要坚持以民为本、以人为本，坚持国家安全一切为了人民、一切依靠人民，确保人民安居乐业；增强发展的全面性、协调性、可持续性，加强保障和改善民生工作，缩小分配收入差距，大幅减少扶贫对象，从源头上预防和减少社会矛盾的产生；扎实推进全面依法治国战略，以促进社会公平正义、增进人民福祉为出发点和落脚点，加大协调各方面利益关系的力度，推动发展成果更多更公平地惠及全体人民；加强对人民群众的国家安全教育，提高全民国家安全意识，最终实现人民安居乐业，社会和谐稳定，国家长治久安，民族兴旺繁荣。

2. 以政治安全为根本，就是要从治国、治军、治党的统一中，特别要在实现国家治理现代化目标的发展过程中，实现执政安全

以政治安全为根本，要求巩固中国共产党的执政地位，团结带领人民坚持和发展中国特色社会主义，准备进行具有许多新的历史特点的伟大斗争，坚决捍卫中国特色社会主义道路、理论体系和制度。当前和今后一个时期，维护政治安全，需要切实抓好全面从严治党这个关键，不断提高党的领导水平和执政水平，提高拒腐防变和抵御风险的能力，增强全国人民对中国特色社会主义的道路自信、理论自信、制度自信和文化自信。

3. 以经济安全为基础，强调经济可持续发展在国家安全中的基础地位

以经济安全为基础，要在国家经济安全发展的思维方式上，以经济建设为重心，把发展作为最大的安全，特别注重金融安全、资源能源安全、粮食安全、科技安全、重大基础设施网络安全、生态安全、产品安全等，强化风险防控，确保经济持续健康稳定发展，筑牢国家繁荣富强、人民幸福安康、社会和谐稳定的物质基础。当前和今后很长一个时期，维护经济安全，要主动适应经济发展新常态，切实把经济工作着力点放到“转方式调结构”上来，推进新型工业化、信息化、城镇化、农业现代化同步发展，着力推动传统产业向中高端迈进，积极发现培育新增长点；坚持互利共赢的开放战略，扎实推进“一带一路”建设，增强国际经济竞争力，切实提高海外利益保护能力和水平。

4. 发挥军事安全、文化安全和社会安全的保障作用

发挥军事安全的保障作用，要更好地坚持党对军队绝对领导、坚持人民军队根本宗旨，使军队真正担当起党赋予的历史重任；紧跟世界新军事革命加速发展潮流，大力推进军事创新，有针对性地推进国防和军队建设改革，积极构建中国特色军事力量体系；与时俱进加强军事战略指导，积极运筹和平时期军事力量运用，按照能打仗打胜仗的要求大力拓展和深化军事斗争准备，提高以打赢信息化条件下局部战争能力为核心的完成多样化军事任务的能力。

发挥文化安全的保障作用，要坚持中国特色社会主义先进文化前进方向和发展道路，培育和践行社会主义核心价值观，巩固马克思主义在意识形态领域的指导地位，巩固全党全国各族人民团结奋斗的共同思想基础；加大对中国人民和中华民族的优秀文化和光荣历史的宣传力度，通过多种方式，加强爱国主义、集体主义、社会主义教育，引导人民树立和坚持正确的历史观、民族观、国家观、文化观，增强做中国人的骨气和底气。要争取世界各国对中国梦的理解和支持，提升中国文化软实力，提高文化开放水平，扩大对外文化交流，努力传播当代中国价值理念，努力展示中华文化的独特魅力，推动中华文化走向世界；努力提高国际话语权，加强国际传播能力和对外话语体系建设，发挥好新兴媒体作用，讲好中国故事，传播好中国声音，阐释好中国特色。

发挥社会安全的保障作用，要加快形成科学有效的社会治理体制机制，改进社会治理方式，健全公共安全体系，加强网络空间治理和网络秩序维护，激发社会组织活力，提高社会治理水平，确保社会安定有序；加快实现基本公共服务均等化，完善社会保障体系，完善和落实维护群众合法权益的体制机制，完善和落实社会稳定风险评估机制，预防和减少利益冲突；全面推进依法治国，更好维护人民群众合法权益，创新有效预防和化解社会矛盾体制，引导群众通过法律程序、运用法律手段解决社会矛盾；要正确把握党的民族、宗教政策，及时妥善解决影响民族团结的矛盾纠纷，加强新形势下的反分裂斗争和反恐怖斗争，坚决遏制打击暴恐势力和分裂势力。

5. 以促进国际安全为依托，为中国经济发展、社会发展、文化发展、政治发展和绿色发展营造良好和谐的国际和平环境

要超越“你输我赢、你兴我衰”的“零和”思维，积极倡导普遍安全、平等安全、包容安全、合作安全理念；既重视自身安全，又重视共同安全，通过促进国际安全来增强自身安全，打造命运共同体，推动各方朝着互利互惠、共同安全的目标相向而行；努力营造和谐稳定的国际和地区安全环境，搭建国际和地区安全合作新架构，走共建、共享、共赢的安全之路。积极参与地区和全球治理，加大建设性参与解决热点难点问题的力度，为世界和平与发展作出应有贡献。

这五个方面，紧紧围绕“以人民为中心”构建起来的总体国家安全观的体系架构，表明中国特色国家安全道路的基本取向。总体国家安全观结构体系的具体化领域，涉及11个方面，即政治安全、国土安全、军事安全、经济安全、文化安全、社会安全、科技安全、信息安全、生态安全、资源安全、核安全等。[①]

第三节　落实习近平总体国家安全观和中国特色国家安全道路战略思想的基本要求

习近平指出，增强忧患意识，做到居安思危，是我们治党治国必须始终坚持的一个重大原则。我们党要巩固执政地位，要团结带领人民坚持和发展中国特色社会主义，保证国家安全是头等大事。

一、落实总体国家安全观要处理好五大辩证关系

从历史唯物主义出发，思考我国当代国家安全的时代特征，要看到，我国国家安全的内涵和外延比历史上任何时候都要丰富，时空领域比历史上任何时候都要宽广，内外因素比历史上任何时候都要复杂。因此，在新的历史时期，必须处理好五个方面的辩证关系：

1. 贯彻落实总体国家安全观，必须既重视外部安全，又重视内部安全，对内求发展、求变革、求稳定、建设平安中国，对外求和平、求合作、求共赢、建设和谐世界

这一辩证关系，体现了习近平关于治国理政思想的内外兼修，内外统筹的“两点论”与“重点论”辩证统一的思想。在和平与发展的大背景下，发展与安全已经成为各个国家面临的主要或重要课题，国家安全的内涵和外延比历史上任何时候都更加丰富，因此，如何处理好内部发展与外部安全的平衡关系，就显得格外重要。根据习近平“以人民的安全为宗旨”的思想，在内与外的关系上，国家内部的经济增长、充分就业、物价稳定、国际收支平衡具有更加重要的地位。实践表明，“内部不稳，外部难宁”。因此，建设平安中国与建设和谐世界的关系是辩证的。

2. 贯彻落实总体国家安全观，必须既重视国土安全，又重视国民安全，坚持以民为本、以人为本，坚持国家安全一切为了人民、一切依靠人民，真正夯实国家安全的群众基础

一般地说，国土安全主要是指一个国家主权范围内的领陆、领水、领空和底土四

① 《总体国家安全观干部读本》编委会：《总体国家安全观干部读本》，北京：人民出版社，2016年。

个方面的安全，这是传统的国家生存空间范围的安全。随着科学技术的发展以及经济技术开展和经济发展需要，国家生存空间领域也在不断拓展，网域、天域和经济海域等空间的安全也需要引起重视。正是在此意义上说，当前国家安全面临的"时空领域比历史上任何时候都要宽广"。

近年来热议的"网络空间"，也已成为国家安全的重要空间领域。此外，还有原来属于公海而如今被国际社会承认的国家"专属经济区"，也属于国家生存空间安全问题。近年来，党和政府都在讲这些不同方面的安全，例如党的十八大报告就提到要"高度关注海洋、太空、网络空间安全"。"海洋安全"既包括传统领土安全或国土安全所包含的"领海安全"，也包括海洋专属经济区的安全，即经济海域的安全。至于"太空安全"和"网络空间安全"，更是不属传统国土安全的全新内容。在这种情况下，我们既要注重传统国家生存空间范围内的"国土安全"，也要注重非传统的网域安全、天域安全和经济海域安全。①

国土安全涉及一个国家领土完整和主权的统一，因此，国土安全往往与军事安全相关。但是，在高度重视国土安全的同时，还必须高度重视国民安全。而国民安全主要涉及国民生存与发展目标和指标的落实和完善。因此，当前的民生和社会建设，也应是国民安全建设的重要内容之一。

3. 贯彻落实总体国家安全观，必须既重视传统安全，又重视非传统安全

在新的历史条件下，国家安全所面临的"内外因素比历史上任何时候都要复杂"。而这些复杂的因素之一，就是非传统安全的挑战。例如，疫情频发，全球公共卫生防控机制薄弱。2015 年 3 月埃博拉疫情开始在西非蔓延，造成全球 7 000 人死亡，感染者逾 2 万。2015 年在拉美出现的寨卡病毒已扩散至全球 34 个国家。

气候变化威胁加剧。气候变化影响下的极端天气发生频率、强度、持续时间和影响范围不断增大，2015 年印度高温致 1 100 人死亡，2014 年美国遭遇 20 年来最严寒天气，2014 年英国西南部持续暴风雨和洪水袭击造成约 150 亿英镑经济损失。气候灾害已对全球经济复苏和社会稳定产生直接威胁。虽然 2015 年巴黎气候大会达成新的全球气候协议，但发达国家与发展中国家围绕责任、承诺、减排目标和补偿机制的斗争仍在继续。

水资源短缺问题进一步凸显。目前，全球四成人口缺少足量的安全饮用水。联合国 2015 年报告，预计到 2030 年，水需求将大于供给的 40%。目前，全球尚无具有

① 刘跃进等：《"国土安全"是国家安全基础中的基础》，《法制日报》，2014 年 4 月 26 日。

普遍约束力的水规则出台，政府间沟通合作缺位。随着水危机加剧，各国围绕国际和地区水法和水规则的博弈将更加激烈。

国际社会围绕网络安全与治理追责的博弈公开化。各国开始调整网络安保建设方向，侧重于提升管控、监防能力，追求自主可控的目标。发展中国家支持联合国的作用，金砖国家通过倡议和具体行动对以美国为首的规则体系形成冲击。美国宣称放弃对国际互联网名称和数字地址分配机构（ICANN）的管理权，但仍坚持“多利益攸关方”模式，反对联合国等政府间机构主导互联网治理改革。非国家性媒体高度活跃，社交媒体成为恐怖极端组织的舆论阵地和招募平台，来源不明、动机不纯的黑客攻击层出不穷，美俄、美朝、中美等围绕黑客问题频起纷争。①

面对非传统安全的挑战，必须构建集政治安全、国土安全、军事安全、经济安全、文化安全、社会安全、科技安全、信息安全、生态安全、资源安全、核安全等于一体的国家安全体系。

4. 贯彻落实总体国家安全观，必须既重视发展问题，又重视安全问题，发展是安全的基础，安全是发展的条件，富国才能强兵，强兵才能卫国

总体国家安全离不开军事安全建设，但是，没有强大的民用工业支撑，军事工业的发展就会受到掣肘。军事工业现代化对民用工业也具有巨大的推动作用。而就国民经济发展而言，发展安全也离不开落实科学发展观，克服片面的GDP倾向。习近平关于“以人民为中心”的创新、协调、绿色、开放、共享“五大发展理念”，是实现发展安全和安全发展重要的指导思想，是关系中国发展全局的一场深刻变革。在此意义上，强国、强军与富民是一个过程的两个方面，二者不可偏废。“富国才能强兵，强兵才能卫国”。

例如，习近平关于能源安全的意义，就曾明确指出，能源安全是关系国家经济社会发展的全局性、战略性问题，对国家繁荣发展、人民生活改善、社会长治久安至关重要。面对能源供需格局新变化、国际能源发展新趋势，保障国家能源安全，必须推动能源生产和消费革命。

5. 贯彻落实总体国家安全观，必须既重视自身安全，又重视共同安全，打造命运共同体，推动各方朝着互利互惠、共同安全的目标相向而行

习近平总书记在党的十九大报告中指出，坚持推动构建人类命运共同体，必须统筹国内国际两个大局，始终不渝走和平发展道路，奉行互利共赢的开放战略，坚持

① 李敏：《“一带一路”沿线地区的安全形势和我国的对策》，《领导文萃》，2017年第2期。

正确义利观，树立共同、综合、合作、可持续的新安全观，谋求开放创新、包容互惠的发展前景，促进和而不同、兼收并蓄的文明交流，构筑尊崇自然、绿色发展的生态体系，始终做世界和平的建设者、全球发展的贡献者、国际秩序的维护者。

中国的发展离不开世界，世界的发展需要中国。因此，总体国家安全观的所谓“总体”就是从世界的角度出发，进行国家安全的战略思考。当今世界，国际安全治理，离不开跨国合作的支撑，周边国家的安全危机和动荡，必然直接或间接地对相关国家和地区产生影响，如“难民潮现象”，因此，必须以命运共同体的共同价值为基础，以共同安全为目标，构建总体国家安全的国际安全体系。正如 2015 年 11 月 7 日，习近平在新加坡国立大学的演讲中指出的：“单丝不线，孤掌难鸣。”亚洲各国人民要践行亚洲安全观，协调推进地区安全治理，共同担当和应对传统和非传统安全问题，坚持以和平方式通过友好协商解决矛盾分歧，坚持发展和安全并重，共谋互尊互信、聚同化异、开放包容、合作共赢的邻国相处之道。①

要推动建设国际经济金融领域、新兴领域、周边区域合作等方面的新机制新规则，推动建设和完善区域合作机制，加强周边区域合作，加强国际社会应对资源能源安全、粮食安全、网络信息安全，应对气候变化，打击恐怖主义，防范重大传染性疾病等全球性挑战的能力。

在经济全球化时代，各国安全相互关联、彼此影响。没有一个国家能凭一己之力谋求自身绝对安全，也没有一个国家可以从别国的动荡中收获稳定。弱肉强食是丛林法则，不是国与国的相处之道。穷兵黩武是霸道做法，只能搬起石头砸自己的脚。

因此，要摒弃一切形式的冷战思维，树立共同、综合、合作、可持续安全的新观念；要充分发挥联合国及其安理会在“止战维和”方面的核心作用，通过和平解决争端和强制性行动双轨并举，化干戈为玉帛；要推动经济和社会领域的国际合作齐头并进，统筹应对传统和非传统的安全威胁，防战争祸患于未然。②

要加强政策沟通和协调，研究应对举措，共同维护各成员国政权、制度、社会安全和稳定。我们要强有力推进反恐、禁毒、防务合作，提高本组织安全行动能力，形成更严密健全的执法合作网络。③

总之，要切实加强国家安全工作，为维护重要战略机遇期提供保障。不论国际

① 2015 年 11 月 7 日，习近平在新加坡国立大学发表题为“深化合作伙伴关系　共建亚洲美好家园”的重要演讲。

② 2015 年 10 月 12 日，中共中央政治局就全球治理格局和全球治理体制进行第二十七次集体学习，习近平主持学习发表的讲话。

③ 2015 年 9 月 28 日，习近平在纽约联合国总部出席第七十届联合国大会一般性辩论并发表题为“携手构建合作共赢新伙伴　同心打造人类命运共同体”的重要讲话。

形势如何变幻，要保持战略定力、战略自信、战略耐心，坚持以全球思维谋篇布局，坚持统筹发展和安全，坚持底线思维，坚持原则性和策略性相统一，把维护国家安全的战略主动权牢牢掌握在自己手中。

二、落实当前和今后一个时期国家安全工作的五项基本要求

习近平总书记对当前和今后一个时期国家安全工作提出明确要求：

一是要突出抓好政治安全、经济安全、国土安全、社会安全、网络安全等各方面安全工作。

二是要完善立体化社会治安防控体系，提高社会治理整体水平，注意从源头上排查化解矛盾纠纷。要加强交通运输、消防、危险化学品等重点领域安全生产治理，遏制重特大事故的发生。

三是要筑牢网络安全防线，提高网络安全保障水平，强化关键信息基础设施防护，加大核心技术研发力度和市场化引导，加强网络安全预警监测，确保大数据安全，实现全天候全方位感知和有效防护。

四是要积极塑造外部安全环境，加强安全领域合作，引导国际社会共同维护国际安全。要加大对维护国家安全所需的物质、技术、装备、人才、法律、机制等保障方面的能力建设，更好适应国家安全工作需要。

五是要坚持党对国家安全工作的领导，这是做好国家安全工作的根本原则。各地区要建立健全党委统一领导的国家安全工作责任制，强化维护国家安全责任，守土有责、守土尽责。要关心和爱护国家安全干部队伍，为他们提供便利条件和政策保障。

第二章　全球安全再平衡：大国崛起及其安全战略选择

当今世界正在经历百年未有之大变局，“中国崛起”是这一时代背景下的时代命题。一方面，世界多极化、经济全球化、社会信息化、文化多样化深入发展，全球治理体系和国际秩序变革加速推进，新兴市场国家和发展中国家快速崛起。① 改革开放以来，中国国际战略的适应性和主动性持续提升，逐步成为世界第二大经济体，国际影响力显著增强。中国如何崛起、如何看待中国崛起，是摆在中国以及世界其他各国面前的重要政治问题。另一方面，国际力量对比更趋均衡，世界各国人民的命运从未像今天这样紧紧相连。② 当前霸权主义、强权政治依然存在，保护主义、单边主义不断抬头，与之形成鲜明对比的是，中国始终坚持开放融通、合作共赢的和平崛起之路，中国的和平崛起如何成为贡献全球安全的稳定力量，实现全球安全再平衡，已经成为一个时代性安全需求。

问题

- 大国崛起有哪些历史经验与兴衰规律？
- 大国崛起过程中如何选择其军事安全战略？
- 中国如何避免预言中的中美霸权争夺战？
- 中国如何提供更多公共安全产品，以实现全球安全再平衡？
- 中国能否超越“国强必霸”的历史逻辑？

第一节　大国崛起的历史经验

随着15世纪地理大发现和新航路的开辟，各大陆日益联为一体，人类历史进入

① 习近平：《携手共命运　同心促发展——在2018年中非合作论坛北京峰会开幕式上的主旨讲话》，2018年9月3日。
② 习近平：《携手共命运　同心促发展——在2018年中非合作论坛北京峰会开幕式上的主旨讲话》，2018年9月3日。

真正意义上的世界史。五六百年来，一些地区性大国乃至世界性大国相继崛起，其中，荷兰、英国和美国先后称雄世界，法国、德国、日本、苏联等国，也曾不止一次地向更高目标发起冲击，但最终没有成功。[①] 国家崛起的兴衰交替，构成近代以来人类社会逐步迈向现代化的历史底色。

历史研究对于探讨当前中国崛起议题的意义在于，首先，尽管每个崛起国的历史发展轨迹和崛起背景不尽相同，但其崛起的经验存在一定的共性。概言之，一个国家的崛起必须具有一定的基础性条件，配合正确的军事策略和外交策略，从而逐步成长为地区性大国乃至世界性大国。这些珍贵的历史经验将为中国的和平崛起提供必需的历史依据。除去历史偶然因素外，能够成长为地区性乃至世界性大国的国家具有相似的基础性条件。

一、国家内部制度的持续优化

所有走向领导性的国家，首先要具备国家内部持续稳定良性的制度创新这一前提条件。没有良好且稳定的政治，国家在其他各项事业上的发展就会承受着很大的压力和阻碍；更重要的是，国家在政治上稳健且顺应时代发展潮流的调整与修正，对国家崛起起到基础性的作用。

历史已经充分证明了这一观点。在荷兰，实现市民自治和购买自治权，通过独立战争废除君主制度，是荷兰最终统一并成立联合共和国的根本性制度因素。与之相似，在英国，内战的爆发以及光荣革命的胜利，最终实现了议会决议高于王权，建立君主立宪制度，构筑了其维系世界性大英帝国的政治制度基础。在法国，从法国大革命到国民议会的建立，君主专制被推翻。在德国和日本则体现为统一的政治秩序与制度：德意志的统一和德意志联邦成立，构成德国得以迅速崛起的政治基础；日本在明治维新后，天皇重新掌握行政权力，国家在天皇神权下实现了空前的政治统一。较为相似的是美国，通过独立战争实现国家独立、南北战争实现南北统一，统一民族国家多种族共存基本格局得以确立。在俄罗斯，1860 年的农奴制度的废除，资产阶级革命的爆发，延续至一战引发的十月革命，最终带来苏维埃政府的诞生。苏联超级大国具备了基本的政治基础。以上这些都足以见证，各个国家在实现迅速崛起之前，都需要做好政治方面的充分准备，只有政治制度顺应了当时时代的潮流，

---

① 《风物长宜放眼量——从强国兴衰规律看我国面临的外部挑战》，《人民日报》，2018 年 9 月 11 日。

才是大国崛起的前提。

与上述国家形成鲜明对比的是葡萄牙和西班牙。如郑永年教授曾指出："一个国家外部的崛起，实际上是它内部力量的一个外延。国家内部的制度还没有健全的情况下，很难成为一个大国，即使成为一个大国，也不是可持续的。"[①]葡萄牙和西班牙借助地理大发现的历史机遇迅速崛起，但初期的财富积累因未能推动内部政治和经济制度的革新，导致这两个国家未能保持崛起的发展态势。相反，直到在荷兰实现了经济制度和政治制度的根本性的变革，才在真正意义上诞生了资本主义制度。英国则更确定了议会制度作为整个国家政治决策的核心，将征税和剥夺私有财产这两条关涉资本主义制度的最根本权力收归议会所有，实现了国家权力的根本转移，历史上第一次通过制度创新，把国王的权力转移到一个公共决策机制中。

二、各具特色的经济发展模式与科技战略

第一，物质基础是衡量一个国家实力的最重要标尺之一。如果说政治制度是国家崛起的前提，经济制度和经济实力的发展则是判断一个大国崛起的根本。在荷兰，鹿特丹以早期的远洋贸易与渔业兴起，继而实现了发达的股票交易，建立了银行体系，通过国家立法保障银行信用。在英国和法国，由于重商意识，海上贸易兴起，政府支持掠夺式贸易，催化了商业殖民的扩张。在德国，国家率先取消内部关税阻碍，最终实现经济统一。在日本，在明治维新基础上建立广泛的通商外交，国家主导工业发展，进入统治主义经济发展模式，开设工厂，扶持民间企业，成立股份制银行。在苏联初期，国家通过新经济政策巩固国家政权，实现了经济的恢复和重工业的迅速发展，同时重新建立经济体系，引进社会主义商品和经济机制，开展五年计划，运用国家宏观调控手段开展计划经济发展模式发展经济。在美国，引进金融财政制度，证券市场、交易所、银行灵活运用国家宏观调控手段和市场经济相结合的发展模式，实现经济的飞跃。由此可见，广泛的对外贸易、独特的经济发展模式才是一个大国崛起的根本。

第二，经济的发展与政治制度的革新都需要顺应时代潮流。在各大国崛起的过程中，最终成功的国家都是因为把握住了时代潮流发展。英国和法国都因开展第一次工业革命而成为早期的世界霸主，与此同时整个世界都成为它们的工厂和贸易市

① 参见纪录片《大国崛起》之《走向现代》(第三集)、《大道行思》(第十二集)，2006 年。

场。德国和日本则因把握住了处于两次工业革命之间的历史机遇而取得后发优势。美国则由于电力革命的开展，通过第二次工业革命确立了其世界霸主的地位，并充分保持这一优势至今。

第三，制定符合经济发展的人才培养与科技发展战略。科学人才是推动历史发展的关键，基于经济发展时代要求、围绕人才培养的科技发展战略是国家经济崛起的重要助推力量，也是国家经济可持续发展的有效保证。在英国，由于纺织业的高速发展，刺激了新型纺织业的发展、动力机器的发明。与国内专利申请热潮相应的是，英国在同时期积极开展科技高新发展战略，加大了对知识产权的保护。日本和德国虽是世界大战战败国，但正因为它们对科学技术、人才等软实力方面的重视与保护，才能迅速地回归强国行列。俄罗斯在沙俄时期，彼得大帝就已经不断派遣留学生学习先进文化技术，广泛设立学校提高国民教育水平，生产技术革新运动广泛盛行，这一传统历经苏维埃时期延续至今。美国的崛起则在很大程度上是得益于战后积极引进工业成果和欧洲人才，成立国家专利局，对专利制度国家给予了立法保护。这一系列做法为美国带来了战后大半个世纪的科学技术领先地位。

三、国家领导人基于明确国家特色的准确大战略思想

国家领导人能够制定出具有前瞻性的战略目标，坚持好的战略决策，往往对这个国家的未来起着至关重要的作用。在英国，正是由于伊丽莎白女王独特的战略眼光才使英国的海上贸易有了蓬勃的发展。在法国，由于拿破仑及戴高乐的领导才使法国一直居于强国之列。在德意志，正是由于俾斯麦所提出的“铁血政策”才使德国有了强有力的发展。在早期的俄罗斯，正是由于彼得大帝及叶卡捷琳娜二世的改革才使俄罗斯始终保持着历史大国的地位；在苏维埃时期，苏联能够保持欧洲第一、世界第二的大国地位，在很大程度上也是有赖于列宁、斯大林在苏联早期制定的前瞻性战略。在美国，两次世界大战之间，正是由于罗斯福所提出的新政，使得美国能够较早摆脱经济危机，实现经济腾飞，为后来成为世界霸主打下基础。

同时，准确的国家战略思想必须要立足本国实际，而在历史上，这一本国特色往往体现为国家领导人对本国独特的地缘战略优势的充分把握与利用。如荷兰位于欧洲的西北部，在大西洋暖流影响下有利于不冻港的建设及渔业的发展。英国更是如此，作为一个岛国有着更为得天独厚的条件。法国居于欧洲西部，地中海式气候便于多汁牧草的生长，为畜牧业发展提供条件，也同时有利于海外贸易。德国处于

欧洲十字路口，更有丰富的内河航运，对于东西部的交流，经济的发展起了重大的作用。日本暖流的影响及岛国的条件，为日本提供了一个渔业和海上贸易发展的平台。俄罗斯横跨欧亚大陆，在兼具东西两方所长方面具有独特的优势。美国既有广泛的海岸线又远离欧洲，在很大程度上正因此而较从容避开世界大战的战火。这些国家地缘特点和优势，是国家领导人制定战略思想时的重要考虑因素。

四、大国崛起的兴衰规律：军事因素与外交因素

对于历史上崛起国兴衰历史的探讨，除了历史经验的借鉴之外，可能更重要的是对于兴衰交替背后历史教训的警醒。其一，在世界新兴国家由大而强的过程中，都经历了一个关键性阶段。这个将强未强的特殊历史阶段一般为10年左右，在此期间，相关国家面临的风险和挑战较前明显增大，事关兴衰成败。在这方面，英、美是成功的典型，法、德、日、苏则提供了历史教训。[①] 兴衰交替背后是否存在一定的历史规律，是当前思考中国和平崛起不断拓展深化的关键。

1. 军事因素是大国崛起的双刃剑

马克思指出："暴力是每一个孕育着新社会的旧社会的助产婆。暴力本身就是一种经济力。"[②]大国崛起的历史过程表明，军事实力具有极其重要的地位和作用。

在早期资本主义时代，大国崛起多以军事暴力作为基本保证。暴利引导贸易，而暴利却往往是通过暴力实现的。这一过程，在资本主义原始积累时代，体现为海军先行、商人跟进的地理大发现，以及后期的殖民统治。军事实力对于国家力量推进的伴生性质至今仍未改变。第一，如无军事威力就难以实现大国崛起。对于一个国家而言，军队是骨头，文化是神经，经济是肌肉。在全球化时代，没有强有力的国家军队为后盾，国家的一切外部资源都没有保障。一国之经济犹如一人之臂膀，不管伸出多远，一旦没有军队伴行，谁都可以斩断它。第二，世界财富和科技增长中心的转移有赖于国家政治和暴力去实现。历史已经反复表明，真正世界性的财富和科技增长中心的转移，本质上不是靠贸易谈判，而是靠国家政治和国家暴力来实现的。第三，国防是国家科学技术进步的主要牵引力。以往大国崛起，均以他国资源占有为目标，并以科技发展增加国防实力去攫取。

换言之，大国间的博弈是国家战略实现能力的博弈，而不仅仅是财富多寡的比

① 《风物长宜放眼量——从强国兴衰规律看我国面临的外部挑战》，《人民日报》，2018年9月11日。

② 马克思：《资本论》第一卷，北京：人民出版社，1975年，第819页。

较。一定意义上，国家财富的占有水平在相当的程度上是由国际分配规则及该国在这个规则中的地位所决定，而分配规则的形成多是大国强力较量后的结果。

但是国家军事力量是有边界的，过分透支军事实力会给国家内外带来灾难性的后果。从历史经验看，大国崛起于地区性稳健发展，衰落于世界性扩张。[①] 因而，对于军事因素在大国崛起进程中的作用，需要辩证看待：一方面，国防力量的提升和军事手段的运用对国家统一、国家利益的维护和拓展、民族意识的形成有积极的作用；另一方面，对军事手段的迷信和滥用，使其凌驾于国家经济、政治正常的发展之上，则往往是导致大国崛起失败的重要原因。

日本、德国和苏联崛起失败在军事方面的教训尤其值得注意。本质而言，落后和错误的安全观往往是导致崛起大国军备扩张、引发冲突的重要诱因。这种安全观念的错误，往往体现为：片面追求军事胜利并被短暂胜利所带来的利益所诱惑，偏离国家长期的战略目标和根本利益；片面追求军事效益，造成外交和道义上的消极后果；过于突出军事斗争要求，使国家的发展道路偏离了正常轨道，扭曲了经济结构；强化专制集权，扭曲正常的政治制度，最终纵容军国主义，扩散歪曲了意识形态。

客观而言，"崛起"的本意即蕴含对既有国际秩序构成事实上的挑战之意，特别是过去一个世纪伴随着德国、日本等国崛起而来的全球大战的血的经历，构成当前世界疑虑中国崛起的客观背景。国际社会在两次世界大战之后，又经历了长达 40 余年的美苏争霸和三次石油危机的阵痛，直到冷战结束、"一超多强"的历史新纪元开启，各国间政治、经贸、文化、安全、生态等领域的"去意识形态"交往与合作才得以走上正轨。国家安全方面的危机意识与和平发展的来之不易，成为中国崛起议题被安全化的客观背景，也是中国要始终坚持和平崛起，高举和平、发展、合作、共赢的旗帜的根本原因，只有如此，才能长远地维护国家主权、安全、发展利益，为和平发展营造更加有利的国际环境，维护和延长我国发展的重要战略机遇期。[②]

2. 外交因素对大国崛起的结构性作用

大国崛起的过程也是世界政治权力再分配的过程，权力逐渐缩小的国家对崛起国的恐惧是不可避免的，严重时甚至会引发战争。而要跳出这一"修昔底德陷阱"，需要从外部结构入手，外交因素是其中的关键。换言之，大国崛起是一种国际体系现象，往往引发国际权力结果的变化。因而，大国在崛起过程中能否争取到较为宽松的外部环境，在很大程度上取决于能否通过外交妥善处理好与其他大国的关系。

① 张文木：《大国崛起的逻辑》，《中国社会科学》，2004 年第 5 期。
② 习近平：《在中央外事工作会议上的讲话》（2014 年 11 月 28 日），《人民日报》，2014 年 11 月 30 日。

运用得当的外交政策将会大大降低崛起过程中的危险系数和成本。德国"铁相"俾斯麦在德国统一后的一系列成功的外交措施，是外交因素在大国成功崛起中作用的最好例证。在击败法国后，俾斯麦并未止步战场胜利的相对有限成效，相反，却愈发警惕德国所无法独立面对的欧洲国家的集体"仇视"，因而始终坚持地区性守成的外交政策，谨慎维护德俄关系，稳定德、俄、奥之间的三皇同盟。俾斯麦外交思想的核心在于，在国家利益问题上不惧挑战，敢于果断使用武力；而在国际问题上准确把握大国间的利益边际，在大国竞争中绝不透支国力。"国力只能用于国家可承受的并且是对国家有重要利益的地方"，这是俾斯麦模式最重要的外交经验。[①]

中国国际战略研究基金会通过对大国崛起历史的研究得出了一个反向的结论，即崛起国如果不能在崛起过程中坚持守成性的外交政策，将会导致极其严重的后果。第一，缺乏前瞻性的国际体系构想，价值观表述缺乏合法性基础。历史上，成功崛起的大国都把握甚至引领了当时的历史潮流，建立了与自身实力相符，且能够得到较广泛支持的规则体系和价值观。相反，如果更多地关注了当时国际丛林的黑暗一面，将正在走下坡路的殖民主义和领土扩张作为仍将长期持续的世界潮流，则甚至会错误地发动战争。第二，外交战略上缺乏耐心与定力，急于挑战既有霸权，陷入战略上的冒进与冒险。外交战略耐心缺失的表现，一是在外交战略上抛弃了能够为本国实力巩固赢取时间的均势策略，表现得更富有侵略性，忽视了国际形象的塑造，导致了外交孤立；二是面对既有霸权国的诱导性挑衅缺乏警惕和审慎。一旦战争爆发，对本国与对手的实力对比缺乏系统的评估和理性认识，军事和外交战略制定过于理想化，从而不可避免地招致失败。第三，结盟上的战略性失误，轻率地弃置已积累的外交资源，使国家过早地陷入战争风险并屡屡受盟友的拖累。[②]

第二节　大国的安全战略选择

如上所述，一个国家具有了崛起的基础性条件，还要配合正确的军事和外交策略，才能确保崛起能沿着正确的方向以合理的速率前进。而军事和外交策略的选择，集中反映在国家安全战略上。维护安全是民族国家对外战略中的首要目标。国际关系理论的主流学派新现实主义认为，国际体系的无政府状态导致体系内的每个国家都要依靠自助的方式保障安全。要生存，就要保存实力，因为实力的大小是国

---

① 张文木：《大国崛起的历史经验与中国的选择》，《战略与管理》，2004 年第 2 期。

② 赵磊：《大国崛起失败的经验与启示》，中国国际战略研究基金会研究报告，2016 年 7 月 10 日。

家间的主要区别。实力强大的国家通过扩张实现地区霸权，来确保其安全；利益弱小国家则可选择结盟制衡大国的威胁，否则小国只能依从大国利益，委曲求全。国家间的矛盾冲突主要来自“安全困境”和错误认知，即国家间为争取安全往往面临一种两难情况：一方面，一国为实现安全而增加实力，但在其他国家的眼里，这是对其国家安全的挑战，因此也会增加安全投入以保持力量和认知的平衡；另一方面，由于其他国家军事实力的增强，该国安全将面临比以往更为严重的军事威胁，也就需要进一步增加安全投入。“安全困境”的错误应对带来了诸如两次世界大战和美苏争霸等灾难性后果，却鲜有成功案例。

一、法、德、俄："大陆安全政策"

法、德、俄三国决战于欧洲大陆的核心，着眼于成为陆上强国，拿破仑、威廉二世和俾斯麦、彼得大帝和叶卡捷琳娜二世都分别执行相似的国家安全战略。

一百年来萦绕在法国人心头的两大忧患，一是德国，二是担心自己走向衰落。[①] 这使得在处理同近邻大国德国的关系时，法国的战略屡经转折：在一次大战前后采取敌视和压制德国的政策，在20世纪30年代同张伯伦领导下的英国一起奉行对德绥靖政策，在二次大战中屈辱地投降了法西斯德国，在冷战时期同联邦德国结为盟友，冷战结束、德国统一后，法国又企图借助欧洲一体化消解德国问题。

德国“大陆安全政策”的内在逻辑则需从地缘政治角度解析。“没有哪个现代国家的外交政策比德国摇摆得更为剧烈，也没有哪个欧洲大国的政治体制和领土版图如此变化多端。”[②]而造成这一结果的原因，则在于地理位置使德国在战略上永远面临多面受敌的境况，即俄罗斯、法国、英国或其他周边国家结成打击德国的同盟。地处中欧腹地的德国易攻难守，它虽有足够的力量击退欧洲列强中的任何一个国家，但无力与所有列强为敌。德国曾经试图同其他欧洲国家结盟，或反行之发动称霸欧洲的战争，都未能成功。有学者甚至认为，希特勒同时发动的是两场争夺霸权的战争，一场是争夺战略霸权的战争，另一场是灭绝“劣等民族”的争夺种族霸权的战争，本质上都是这种源于地缘的不安全感。[③]

① Robert O. Keohane and Joseph S. Nye, After the Cold War: International Institutions and State Strategies in Europe, 1989 - 1991, Harvard University Press, 1993, pp.73 - 82.

② ［美］克莱德·普雷斯托维茨著，王振西译：《流氓国家：谁在与世界作对?》，北京：新华出版社，2004年，第107页。

③ ［美］克莱德·普雷斯托维茨著，王振西译：《流氓国家：谁在与世界作对?》，北京：新华出版社，2004年，第132页。

是什么构成了贯穿三个俄罗斯的外交政策的主线？是俄罗斯“大陆安全政策”的核心。莱格沃尔德认为，地缘政治上的目标，如寻找不冻港、控制黑海海峡、称雄于欧亚大陆中心等，不能构成一条主线；历史上俄罗斯怀有的使命感（“泛斯拉夫主义”）也不是主线。“俄罗斯特殊论”似乎才是贯穿三个俄罗斯的那条主线。[①] 俄国人始终认为，俄罗斯有独特的文化和价值观，代表着比西方更高一层的文明，因而需要而且可以走一条不同于西方的现代化道路。在沙俄时代，斯拉夫文化的推崇者和主张西化的俄罗斯人一直相互对峙，其争论焦点是同西方文明建立一种什么样的关系。“俄罗斯特殊论”在外交上的表现，是三个俄罗斯都以各种方式探索如何自立于现存的国际关系体系之外，或建立自己为主导的国际秩序。这些探索几乎总是殊途同归，演变成俄罗斯对外国的仇恨和排斥。

二、英、日：“离岸平衡战略”与“大陆边缘战略”

英国力求成为欧亚大陆大国争霸过程中的最后仲裁人与平衡力量，与欧亚大陆保持若即若离的关系：强势时强力通过强大的海军渡海干预大陆事务以实现对己有利的大国均势；弱势时通过外交与结盟维持力量平衡和大国协调。罗伯特·利伯指出，英国一百年来从帝国皇冠顶上跌落下来，又在最近 20 年里取得初步复兴，是因为英国比法国、德国和日本更能调整自我以适应国际形势的变化。法国和德国的社会福利负担过于沉重，而日本的经济结构和政策僵化。英国在国际竞争中有不少有利因素，如语言与文化的优势地位、经济的活力、同美国和欧盟的特殊关系、联合国常任理事国地位、核威慑与向海外派遣小规模快速反应部队的能力、外交技巧的娴熟，等等。[②] 这些要素能够帮助英国在可预见的未来继续使用它的“离岸平衡战略”。

日本则是为追求强国地位而奉行实用主义外交路线。多数学者认为，为了同西方列强平起平坐，日本不惜牺牲本国的传统知识、价值观念和行为方式。日本外交只有务实的民族主义，没有固定的政治原则。这一原则，构成日本“大陆边缘战略”的内核。日本人衡量领袖的标准就是看他们能否摸准形势，见风使舵。日本在外交上同样采取这种实用主义的态度。在整个 20 世纪，国际舞台上谁独占鳌头（世纪初的英国，二次大战前的德国，战后的美国），日本就跟谁结盟。派尔预测，日本今后仍然会执行这样一条精明的机会主义路线。只要国际格局不发生大的变化，日本就不

---

① 张昊琦：《俄国孤立主义：意识形态与历史心理》，《俄罗斯东欧中亚研究》，2016 年第 1 期。

② ［美］罗伯特·基欧汉：《霸权及霸权之后：衰落辩论中的已知与未知》，《国外社会科学文摘》，2012 年第 10 期。

会作出重大的外交调整，也不会作出重大的国内政策调整。现阶段日本最头痛的外交问题是中国的崛起。在近现代史上，日本从未面对过一个强大的中国。由于日本无力单独同中国抗衡，它必须借助美国的力量。但日本也必须同美国的对华强硬政策保持一定距离，以免过分得罪地理上的近邻——中国。[①]

三、美国:“两洋战略”与“离岸平衡战略”

加拿大与墨西哥等周边弱小邻国使美国大大减少了来自本地区的安全压力，并使美国可用经济贸易手段轻易进入欧亚大陆核心，成为欧洲与亚洲事务的平衡者，从而相机游走于孤立主义与国际主义之间。查尔斯·库普乾在关于二次大战期间和战后初期美国规划国际秩序过程的阐述中指出，1941 年日本偷袭珍珠港后不到一个月，罗斯福总统就成立了一个委员会，为战后的世界规划蓝图。美国吸取了一次大战后参议院未批准威尔逊政府加入国际联盟的教训，在 1943 年就决定组建联合国，之后又同英国商定成立国际货币基金组织、世界银行和关税与贸易总协定。美国早在战争结束前就决定不向战败国索取战争赔款，战后初期的杜鲁门政府又通过马歇尔计划协助西欧振兴经济。[②] 半个多世纪之后再来回顾这段历史，不能不令人感叹美国为建立和维持霸权之战略预见性。美国管理经济和社会都以制度建设见长，在国际上也一贯以一系列具体的制度安排来巩固对它有利的国际秩序，而绝不仅限于强调“领导地位”“单极世界”或干涉他国内政。

四、崛起国安全战略选择的驱动因素

对于大国安全战略选择的驱动因素，现有的研究主要倾向于归因于地缘政治和本国的战略文化。地缘政治是政治地理学说中的一种理论，本质上可以被理解为国家发展和争取有方向的世界和平的学问，其要义是正确地认识国家目标与资源在特定地理空间相互匹配关系及其矛盾转化，分析和预测世界或地区范围的战略形势和有关国家的政治行为，把地理因素视为影响甚至决定国家政治行为的一个基本因

---

① Kawasaki, Tsuyoshi, Japan Rising: the resurgence of Japanese power and purpose, *International Relations of the Asia-Pacific*, Vol. 8, No. 2, 2008, pp.464 - 466.

② [美] 查尔斯·库普乾著，潘忠岐译：《美国时代的终结——美国外交政策与 21 世纪的地缘政治》，上海：上海人民出版社，2004 年，第 82—135 页。

素。[①] 战略文化是在一定的历史和民族文化传统的基础上所形成的战略思想和战略理论，并以这种思想和理论指导战略行动和影响社会文化与思潮。它是一个民族或国家的战略思想、战略原则和战略决策中所沉积的文化传统、哲学思维和社会观念。或者说，思想文化与战略相结合，我们可以称为战略文化。它具有观念形态、历史继承性、国体与区域特征等属性。它是制定现实战略的潜在意识和历史文化情结，因为战略家只能在特定的历史文化环境中进行认识和实践创造活动。简单地说，战略文化是那些对一个国家的战略思维、战略取向、战略意图等产生影响的深层次的文化因素。[②]

作为安全战略选择的驱动因素，地缘政治和战略文化之间并非主次关系，而是外部刺激与内部反应的联动关系。战略文化是影响国家战略走向的一个重要因素，其载体是战略决策者或国家领导人。换言之，文化影响个人，而个人制定政策。而制定安全政策的依据就是地缘政治的变化。某一种地缘政治变化可能影响到数个国家和地区，甚至全球性的安全状况。需要强调的是，在这一联动驱动政策制定过程中，除国家大小、国家利益关切等客观因素，各国领导人所做出的政策反应不尽相同，往往起决定性作用的是本国的战略文化的影响。在成长、教育、社会化和心理认知方面，领导人的信念体系时时受到本国文化潜移默化的影响，决策制定是其信念和观念在特定情况下的自然体现。早期研究结果表明，美国和苏联领导人的决策反映了两国文化的巨大差异。理解这种文化差异对于理解危机、解决危机和缓解国家间的矛盾乃至建立合作机制都有着重要作用。[③]

地缘政治和战略文化对于崛起国安全战略选择的长期影响的典型例子，是过去一个世纪以来的日本。日本当前面临最大的地缘政治变化就是中国的崛起，事实上，早自明治维新以来，百年间日本各界精英和国内舆论的中国观经历了严重不适、激烈对立、过度反应、剧烈排斥等心理与行为症状。日本试图遏制中国的成长势头，重夺亚太地区性霸主，以免遭受被边缘化。在日本右翼势力的鼓噪下，“中国威胁论”“中国报复论”“中国讨债论”风靡一时。日本对中国崛起的防范与恐惧，本质上是日本“岛国性格”的自然反应。日本岛国的地位使其无法摆脱对大陆邻国的依傍，国家的发展、民族的自立，需要在较大程度上依赖大陆邻国的市场和资源供给支持。但是，日本的“岛国性格”又使其对大陆邻国存有长期的提防与担忧。面对强大邻国

---

① 张文木：《地缘政治的本质及其中国运用》，《太平洋学报》，2017 年第 8 期。
② 郑万通：中国战略文化促进会成立大会发言，2011 年 1 月 5 日。
③ 冯惠云：《防御性的中国战略文化》，《国际政治科学》，2005 年第 4 期。

中国的日益崛起，其危机、防范的心理日益增强，以邻为壑的观念挥之不去，同时又滋生了对中国的对等和抗拒心理。因而日本急切地抓住美国“亚太再平衡”战略的机会，激化中日钓鱼岛争端，强化美日同盟，恢复集体自卫权，增强军事力量以牵制中国。

第三节 中国能否超越“国强必霸”的历史逻辑

一、当前中国和平崛起的结构性反思

崛起国如何在与主导国的竞争中赢得竞争，进而取代现行世界主导国的地位，这是我们当前考察中国和平崛起的核心目标。但问题在于，就历史上大国崛起兴衰交替的历史而言，大国崛起的过程本质是世界政治权力再分配的过程，权力逐渐缩小的国家对崛起国的恐惧是不可避免的，严重时甚至会引发战争。[①] 在这种“国强必霸”的所谓历史规律下，中国快速发展的经济与军事力量难免引起国际社会的一些疑虑，甚至已招来现存国际体系内霸权国的战略围堵。虽然中国长期致力于实现和平崛起，倡导亚洲新安全观、国际关系民主化和新型大国关系，并提出了“一带一路”等具有重大意义的国际议程，但西方战略界始终无法摆脱传统国际政治的权力逻辑，仍预言中国作为一个新崛起的“修正主义大国”，必将改变现状并挑战美国的世界霸主地位。

那么，中国能否顺利实现和平崛起，避免“修昔底德陷阱”呢？总体而言，任何崛起大国都不可避免地要同时面临国内和国际两个层面的挑战，中国亦不例外，从当前中美实力对比和国际格局情势而言，中国的和平崛起可持相对乐观态度。但需要强调，相对乐观并非盲目乐观。一方面，当前中国国家安全内涵和外延比历史上任何时候都要丰富，时空领域比历史上任何时候都要宽广，内外因素比历史上任何时候都要复杂。[②]

习近平总书记指出，当今世界，各国相互联系、相互依存，全球命运与共、休戚相关，和平、发展、合作、共赢从来没有像今天这样成为不可阻挡的历史潮流。同时，当今世界并不太平，恐怖主义、网络犯罪、跨国有组织犯罪、新型犯罪等全球性安全问题愈加突出，安全领域威胁层出不穷，人类面临着许多共同挑战。第一，安全问题的

① 阎学通：《政治领导与大国崛起安全》，《国际安全研究》，2016 年第 4 期。

② 习近平：《在中央国家安全委员会第一次会议上的讲话》（2014 年 4 月 15 日），《人民日报》，2014 年 4 月 16 日。

联动性更加突出。安全问题同政治、经济、文化、民族、宗教等问题紧密相关，非传统安全威胁和传统安全威胁相互交织。一个看似单纯的安全问题，往往并不能简单对待，否则就可能陷入头痛医头、脚痛医脚的困境。恐怖主义就是典型的例子，其滋生蔓延受经济发展、地缘政治、宗教文化等多种复杂因素影响，单纯靠一种手段无法从根本上解决问题。第二，安全问题的跨国性更加突出。安全问题早已超越国界，任何一个国家的安全短板都会导致外部风险大量涌入，形成安全风险洼地；任何一个国家的安全问题积累到一定程度又会外溢成为区域性甚至全球性安全问题。各国可谓安危与共、唇齿相依，没有哪个国家能够置身事外而独善其身，也没有哪个国家可以包打天下来实现所谓的绝对安全。第三，安全问题的多样性更加突出。全球安全问题的内涵和外延正在不断拓展，传统犯罪在互联网和新媒体的作用下翻陈出新，跨国有组织犯罪日趋升级，难民危机愈演愈烈，网络攻击、网络窃密已经成为危害各国安全的突出问题。各种安全问题相互交织、相互作用，解决起来难度更大。总体而言，当今世界既充满希望又充满不确定性，人们对未来既充满期待又感到困惑。这是中国崛起的宏大国际安全背景。①

另一方面，对于美国的衰落和中国实力的提升应当客观看待，防止战略透支，争取可持续的崛起进程。第一，从中国现有的国际地位来看，目前外部威胁中国崛起的国际因素很多，但是没有任何一个因素强大到足以颠覆中国的崛起。美国是中国崛起面临的最大国际障碍，但美国最多只能增加中国崛起的困难，却无力颠覆中国的崛起。美国学界的主流观点是，中国崛起的动力源于国内，美国没有阻止中国崛起的足够能力，最多只能通过一些策略在安全和政治领域给中国制造一些外部困难。第二，也需要清醒地认识到，从当前的情况看，美国在经济上也许是相对衰落了，但军事与高新技术领域，中国仍大幅落后于美国，这是国际战略界的共识。美国的“稳定霸权”仍有相当多的追随者，在过去数年中，新加坡和韩国在中美关系中的游移不定就能够充分说明，美国仍是得到广泛认可的唯一霸权；中东乱局、“伊斯兰国”的崛起、阿富汗的力量真空、欧洲的难民危机，既表明了美国干涉政策的失败，也说明了美国失范会给世界带来严重的失序影响后果；特朗普上任后，美国的联盟战略在不断修正和收缩，但更多的是为了责任共担，是为了战略收缩后的再次出发，因此，对于美国对中国造成的战略压力不可过于乐观。美国不允许欧亚大陆出现任何一个强大的挑战者，美国霸权试图保持第二个百年的梦想，这两点决定了中美的战

---

① 习近平：《坚持合作创新法治共赢，携手开展全球安全治理》(2017 年 9 月 26 日)，《人民日报》，2017 年 9 月 27 日。

略大博弈将持续相当长的时间。

任何崛起大国都不可避免地要同时面临国内和国际两个层面的挑战，虽然国际因素和国内因素构成的挑战是综合性的，但在不同的条件下，二者对中国崛起构成的挑战的重要性不同。[①] 在上述结构性背景下，有两点需要我们注意：第一，正视自身的实力不足，着力发展；第二，选择正确的安全战略，打造宽松的外部环境。坚持走和平崛起的发展道路。

二、加强国内治理，完善制度体系

据上文所总结的大国崛起的历史兴衰经验，世界大国的崛起，起于经济和科技发达，以及随之而来的军事强盛和对外征战扩张；而大国的衰落，始于国际生产力重心转移，过度侵略扩张并造成经济和科技相对衰退落后。这一规律可以细化为四个方面：第一，从国内政治进程看，世界大国的国内政治必须是开放而稳定的，即便有偶尔的内乱或政局不稳等国内问题，也不足以削弱其对世界的领导作用。第二，从经济科技因素看，世界大国必须具有强大的经济实力和科技创新能力。历史上的霸权国在各自时代都开拓了经济及科技的新领域，这些新领域帮助这些国家成为世界霸主，能够不断外溢，为各国争相仿效和开发。第三，从军事力量配置看，世界大国必须是海军强国。具有能够控制全球范围的海军力量，是成为世界大国必需的条件之一。例如，"英国统治下的和平"之所以持续近两个世纪，主要是因为当时英国海军在世界范围内拥有无与匹敌的地位。第四，从地理环境看，世界大国必须是有"安全盈余"的岛国或半岛。例如，葡萄牙地处伊比利亚半岛前部，荷兰拥有许多小岛和海角，英国以多佛尔海峡为屏障，美国面向两大洋。

据此历史经验，中国在和平崛起过程中，要始终坚持和平、发展、合作、共赢，统筹国内国际两个大局，统筹发展安全两件大事，牢牢把握坚持和平发展、促进民族复兴这条主线，维护国家主权、安全、发展利益，为和平发展营造更加有利的国际环境，维护和延长我国发展的重要战略机遇期。[②]

具体而言，第一，必须在经济全球化的条件下，实行市场开放战略，充分利用世界市场的各种资源，全面提升综合国力。第二，应避免与现存的霸权国家和国际体系发生正面对抗和冲突。既要防止卷入大规模战争而中断崛起的过程，也要防止展

① 阎学通：《政治领导与大国崛起安全》，《国际安全研究》，2016 年第 4 期。
② 习近平：《在中央外事工作会议上的讲话》(2014 年 11 月 28 日)，《人民日报》，2014 年 11 月 30 日。

开大规模军备竞赛而引起国民经济资源的无限制消耗。即使不发生世界大战，争夺世界霸权的目标本身就是“非和平崛起”。第三，需要良好的周边环境。与主要邻国形成稳定的互利合作机制，而不是通过组成军事集团建立势力范围和安全地带。有了和平的周边环境，就可能把战争和战略摊牌的危险性降到最低限度。第四，需要全面、系统的制度建设，借鉴他国制度的先进性，防止国内的制度弊端成为国际冲突的根源。根据本国国情和社会经济结构的发展水平，推进经济的市场制度建设和政治的民主制度建设，对于确立和平崛起的国际形象极为重要。第五，需要国民素质的全面提高，尤其应防止崛起过程引发狂热的民族主义思潮。提高国家的软实力，吸取世界先进文化，都是提高国民素质的必要手段。第六，对和平崛起这一长期历史过程的曲折性有充分的认识与准备，在世界范围内主要霸权国家的更替过程一般在一个世纪以上的时间。因此，不能把二三十年的阶段性崛起等同于和平崛起道路的成功。第七，后起的大国能否成功地和平崛起，也取决于它与现存霸权大国的关系。当霸权大国处于力量鼎盛时期，后起大国对它发起挑战或争霸是非常危险的，可能导致后起大国的崛起中断甚至完全失败。当霸权大国面临重大危机时，后起大国对它的支持是双方有利的，既帮助霸权大国渡过难关，又是后起大国获得自身崛起的有利条件。当霸权大国进入衰落阶段，后起大国可能以自然的渐近的过程取而代之。这并不是完全排除后起大国与霸权大国发生冲突的可能性，当霸权大国的战略指向是摧毁后起大国的生存环境和核心利益时，后起大国的奋起抗争是完全必要的和正义的。这种抗争在一定意义上也构成崛起的战略机遇和条件。

三、和平性军事崛起与全球安全再平衡

中国始终坚持和平外交，并根据新的客观环境提出了“互信、互利、平等、协作”的新安全观。既要维护本国安全，又尊重别国安全关切，促进人类共同安全。坚持以合作的方式谋求共同利益和解决冲突，并不等于放弃武力，更不等于放弃军事力量建设。尽管主权国家之间的军事冲突有减少的趋势，但非政府角色在国际事务中扮演越来越重要的作用。就贸易来说，海上航道的安全经常被海盗所威胁。国际恐怖主义更是对人类生活构成威胁。这些都需要军事力量。

和平崛起的核心含义就是不走通过战争崛起的传统路径，是指在不扩张、不侵略、不搞强权、不谋霸权的前提下，以和平的方式和途径实现中华民族的历史性复兴，同时在国际事务中高举独立自主的和平外交旗帜，为推动世界和平、实现共同发

展做出自己应有的贡献。但和平崛起并不意味着不发展强大的军事力量。不论从历史经验，还是从逻辑层面看，没有强大军事实力做后盾的和平是靠不住的，所以和平崛起也必然是军事崛起。强大的国防力量对于正义的和平具有保护作用，对于破坏和平的企图具有威慑作用。

强大军事力量的存在并不意味着就会使用或者滥用武力。军事崛起的性质是暴力维护符合公正、平等、正义等原则的和平崛起，并以这种性质的和平为途径实现国家的富强。“战争崛起的性质是以暴力作为途径，通过征服迫使弱者或竞争对手屈从自己的意志，取得不平等、不公正的和平，以此达到国家富强。显然地，后者是中国极力想避免的，也是坚决反对的。”①和平崛起并不表示放弃武力，在国家主权和领土完整受到威胁和损害时，必须毫不犹豫地使用军事力量维护国家安全，维护和平。

虽然我们对于当前世界趋势的判断仍是和平与发展两大主题，但并不意味着周边环境就是安全的。冷战结束后，世界并未实现“美国治下的和平”，地区冲突不断，欧亚大陆地缘政治已有明显的回归之势。当前，国际形势和周边安全问题，决不允许我们高枕无忧。首先，在国内，中国尚未完全统一，解放军的基本任务还未完成。其次，在国际上，中国周边的安全环境在世界大国中是最复杂的——中印边境屡发冲突与对峙；美国派航母战舰进入我国南海；日本长期“事实占用”钓鱼岛，并且在南海问题上态度强硬，等等。现阶段，中国周边地区的多个国家政局动荡不定，多个地缘方向滋生乱局，周边不稳趋于常态化、持久化、复杂化与联动化。周边形势动荡既有自身矛盾错综复杂的“内因”，也有大国角逐与干涉的“外因”。周边动荡加剧对中国构成诸多严峻挑战，中国应加快制定“大周边战略”，通过积极、有效、妥善应对周边不稳，不仅为自身持续与完全崛起营造更加有利的周边环境，而且也为周边的和平稳定与世界的和平发展作出应有的重要贡献。

张文木教授提出了军事崛起可持续性的问题。在他看来，军事崛起有苏联模式和美国模式，前者表现为不可持续性，后者表现为可持续性。从苏联的失败经验看，中国军事现代化要实现可持续发展，就要避免苏联的厄运。中国既要避免和美国进行军事竞赛，也要避免国民经济军事化；避免经济结构军事化，尽最大的努力促成军工的民营化。将军事崛起置于国际责任的架构内，实现基于国家安全之上的国防和基于国际责任之上的国际合作；寻求不针对他国而针对区域或者国际秩序建设的国

① 倪乐雄：《和平崛起与国际文化环境的思考》，《中国崛起及其战略》，北京：北京大学出版社，2005 年，第 202—208 页。

际合作；中国必须用实际行动来表明，军事崛起是为了提供区域和全球性的“公共服务”。将军事崛起置于国际责任的架构内，其他国家不仅不会感受到“威胁”，反而会感觉到中国军事崛起的必要性。① 从国际责任的视角看，中国的军事和平崛起不仅必要，而且也是可能的。例如在中国派军舰到非洲索马里海域维持海上航道的安全问题上，在开始的阶段，各国媒体纷纷发表意见，质疑中国，但到现在，这些国家不仅都已经接受了这个事实，而且更相信这是必要的，是中国的责任。

结　语

大国成功崛起的过程是战略不断调整的过程，即不断改革的过程。与世界近现代史上那些大国崛起不同，不论是其目的、手段、结果还是其性质，中国都呈现出一条截然不同的和平崛起之路。并且，随着中国和平发展道路的开拓，中国的和平崛起和国际战略转型既是历史发展的客观事实与必然趋势，也必将为构建人类命运共同体提供经验参考、物质基础和制度保障。大国和平崛起的全新历史实践正在中国发生，让大国崛起的路径有了新的全球坐标。② 和平崛起是中国领导人在对当前国际形势和国家建设做出谨慎判断后提出超越历史逻辑的政治理念和发展道路，尽管没有先例，但并不代表我们不能成功，这是由客观的国际环境决定的，也是由中国的战略文化决定的。

目前，国际话语权被西方国家把持，正是在这种背景下，江忆恩文化现实主义理论有关中国战略文化具有进攻性的分析和结论成了西方“中国威胁论”的一大支撑。令西方国家一直无法摆脱中国在1950年至1970年强调挑战、对抗的意识形态外交的刻板印象，忽略了中国战略文化中的核心价值取向——和中。中国的战略决策走向体现了中国儒家战略文化对领导人的影响，而中国的很多战争决策都显示出很强的儒家文化烙印。③ “和中”是中国文化的核心价值观之一，其本质表示人和人、人和社会、人和自然以及国家之间的平衡关系。在国际关系中，“和中”意味着通过等距离外交和相互妥协的方式，保持国家间的稳定秩序，通过获得

---

① 张文木：《大国崛起的逻辑》，《中国社会科学》，2004年第5期。

② 宋婧琳、张华波：《国外学界对中国和平崛起的争论与反思》，《国外理论动态》，2018年第4期。

③ John Fairbank and Jr. Frank Kierman, en. , Chinese Ways in Warfare, Cambridge: Harvard University Press, 1974; King C Chen, China's War with Vietnam, 1979: Issues, Decisions and Implications, Stanford: Hoover Institution Press, 1986; Andrew Scobell and Larry Wortzel, The Lessons of History: The Chinese People's Liberation at 75, Carlisle: Strategic Studies Institute, US Army War College, 2003.

绝对利益而不是相对利益，在各利益方之间建立平衡关系。此外，“和中”还包括诚信。自20世纪70年代以来，中国抛弃了意识形态外交，并在对外战略中重构“和中”思想。

此外，两个基础性条件也为中国的和平崛起提供了保证。第一，随着全球化的逐步推进，中国与世界经济已经具有相当高的相互依存程度。这加大了别国阻止中国和平崛起的难度和成本。第二，核武器的毁灭性力量维持了相对和平，降低了发生大国家战争的危险程度，为我国提供了相对宽松的总体外部环境。鉴于中国周边地缘政治的复杂性，安全战略的重点仍是稳定周边，为国内深化改革和经济发展创造良好的外交环境。同时继续加强军事力量建设，“好战必亡，忘战必危”，习近平总书记在“庆祝建军90周年大会”的重要讲话指出，“安不可忘危、治不可忘乱”，军事手段是维护我国主权、安全、发展利益的保底手段，要强化忧患意识、底线思维，始终聚焦备战打仗。强大的军事力量始终是维护国家统一、主权领土完整的根本手段，是和平崛起的重要保证。

但另一方面，中国经过了30多年改革开放，到2010年成为世界第二大经济体，经过长期努力，中国特色社会主义进入新时代。从世界强国发展规律来看，中国目前正处在爬坡过坎的关键性阶段。在这个阶段受到打压，不是有没有的问题，而是早晚的问题。实际上，自2010年开始所遇到的来自外部的挑战和麻烦，都与此有关。当前美国主动挑起的贸易战，就是这种挑战的继续。[①] 从当前的国际权力结构看，虽然多极化趋势已经明显，但美国的领导地位依然稳固。从地区层面来看，亚太地区冷战时期遗留的安全结构仍然发挥着作用，有利于我国降低安全成本；从国际层面来看，美国主导下的国际秩序和国际制度体系仍然获得大多数国家的认同，并且与我有利。虽然中国的崛起之势已成定局，但与美国的实力仍有差距，暂时还无法形成冷战时期美苏平衡的安全局面。但作为负责任的大国，中国的崛起可作为补充性力量，对国际权力结构进行适度平衡，维持全球的基本稳定。中国更多地参与到区域合作之中，这反映中国没有打破现有国际体系权力分配的意图。

如习近平总书记所指出，“备豫不虞，为国常道”。当前，中国正处于一个大有可为的历史机遇期，发展形势总的是好的，但前进道路不可能一帆风顺，越是取得成绩的时候，越是要有如履薄冰的谨慎，越是要有居安思危的忧患，绝不能犯战略性、颠

---

① 《风物长宜放眼量——从强国兴衰规律看我国面临的外部挑战》，《人民日报》，2018年9月11日。

覆性错误。面对波谲云诡的国际形势、复杂敏感的周边环境、艰巨繁重的改革发展稳定任务，我们既要有防范风险的先手，也要有应对和化解风险挑战的高招；既要打好防范和抵御风险的有准备之战，也要打好化险为夷、转危为机的战略主动战。我们要继续进行具有许多新的历史特点的伟大斗争，准备战胜一切艰难险阻，朝着确立的伟大目标奋勇前进。

第三章　中国周边安全的实践与理论

党的十八大以来，以习近平同志为核心的党中央在继承的基础上丰富和发展了中国的国家安全实践和理论，提出了"总体国家安全观"。总体国家安全观就是要以人民安全为宗旨，以政治安全为根本，以经济安全为基础，以军事、文化、社会安全为保障，以促进国际安全为依托，维护各领域国家安全，构建国家安全体系，走中国特色国家安全道路。在总体国家安全观的指导下，中国的周边安全实践和理论也更加综合、深化和前瞻，在纷繁复杂的形势下维护了国家的核心和重大利益，推进了中国同周边国家的友好睦邻关系，并在地区安全建设方面迈出了新的步伐。

问题

- 全球主要安全挑战与中国的应对措施有哪些？
- 中国周边安全挑战与应对措施有哪些？
- 中国周边安全的理念与战略是什么？

第一节　中国的总体国家安全观

中国思考问题的方法有个优秀传统，就是有大局观和全局观。古人说过："不谋万世者，不足谋一时；不谋全局者，不足谋一域。"习近平总书记 2017 年 2 月 17 日在国家安全工作座谈会上强调指出，不论国际形势如何变幻，我们要保持战略定力、战略自信、战略耐心，坚持以全球思维谋篇布局，坚持统筹发展和安全，坚持底线思维，坚持原则性和策略性相统一，把维护国家安全的战略主动权牢牢掌握在自己手中。[①] 在继承和发扬中国传统安全观和马克思主义安全观的同时，以习近平同志为核心的党中央

---

① 《牢固树立认真贯彻总体国家安全观　开创新形势下国家安全工作新局面》，《人民日报》，2017 年 2 月 18 日，第 1 版。

在安全问题的实践和理论上进行了一系列的探索和创新，从而提出了总体国家安全观。

一、总体国家安全观因日益复杂纷繁的安全挑战而诞生

实践是理论的基础，国家安全理论在安全实践和需要中应运而生。在国际上，传统安全与非传统安全相互交织和叠加。国际恐怖主义对美国发动了“9·11”攻击；阿富汗战争和伊拉克战争旷日持久，朝鲜半岛的核导问题和伊朗核问题形势紧张；西亚北非地区的“阿拉伯之春”引起剧烈动荡，“伊斯兰国”乘机起事，欧洲和美国的暴恐问题严重；全球金融危机和欧元危机严重影响世界经济；气候变化、大规模传染疾病和网络攻击形成新的威胁；国际难民潮和美欧社会撕裂互为因果；民粹主义和极端主义同“黑天鹅”政局遥相呼应。在此新挑战背景下，国际社会原有的应对机制和主流理论都显得力不从心。

在国内，中国安全总体形势稳定，但也面临新的和复杂的挑战。作为世界上最大的发展中国家，中国人均国内生产总值的世界排名水平还不高，发展中的不协调、不平衡和不可持续性等问题仍然十分突出，科技创新能力不强、产业结构不合理、农业基础薄弱，重大安全事故频发，法治建设有待加强，党风廉政建设和反腐败斗争形势仍然十分严峻。在一些地区，群体性事件时有发生，加之民族分裂势力、境外势力的渗透，维护社会和谐稳定和国土安全的任务艰巨。此外，环境污染和资源消耗问题，使得中国的生态安全和资源安全面临日益严峻的挑战。[①]

在世界多极化、经济全球化、信息社会化和文化多样化的背景下，人类社会正处于大发展大变革大调整时代。中国对于国家安全这一核心利益和头号议题，需要总结历史的经验、现实的需要和将来的发展，在国家安全的实践和理论问题上与时俱进。

二、总体国家安全观是具有里程碑意义的实践总结和理论发展

以习近平同志为核心的党中央顺应时代潮流，把握历史规律，认清国际秩序大变局，分析国家安全形势，全力维护国家安全，立足风险防范，强调问题导向和理论

① 《总体国家安全观干部读本》编委会：《总体国家安全观干部读本》，北京：人民出版社，2016年，第4—5页。

指导，倡导了总体国家安全观。

习近平总书记2014年4月15日在中央国家安全委员会第一次会议上强调指出：当前我国国家安全内涵和外延比历史上任何时候都要丰富，时空领域比历史上任何时候都要宽广，内外因素比历史上任何时候都要复杂，必须坚持总体国家安全观，以人民安全为宗旨，以政治安全为根本，以经济安全为基础，以军事、文化、社会安全为保障，以促进国际安全为依托，走出一条中国特色国家安全道路。

中国特色安全道路的主要特点是：第一，坚持中国共产党的领导和社会主义制度。这是中国国家安全的基本保证，在任何时候都是第一位的根本问题。第二，坚持开放和前瞻的内涵。中国正在构建的国家安全体系，集政治安全、国土安全、军事安全、经济安全、文化安全、社会安全、科技安全、信息安全、生态安全、资源安全、核安全等于一体，则是这一原则的具体体现。第三，坚持内外安全的互动和一致性。对内求发展、求变革、求稳定、建设平安中国，对外求和平、求合作、求共赢、建设人类命运共同体。第四，坚持安全的原则性和双向性。中国坚持走和平发展的道路，世界各国也要走和平发展的道路。对于损害中国核心利益的行径，中国在维护主权和领土完整等方面决不会吞下任何苦果；对于破坏世界和平与稳定的行径，中国也坚决仗义执言而不会无动于衷。

三、从“总结归纳”到“前瞻设计”的新征程

如果说中国安全理论建设在前阶段的主要任务是进行历史总结和理论观点归纳，那么当前和今后的重点则要转移到理论的前瞻性的顶层设计上去，即提出具有全局性、战略性、前瞻性的行动纲领。

第一，要从历史发展的观点来看待和丰富已有的外交安全理论。我们既要坚持古今中外的一切优秀文明成果，更要珍惜中国优秀传统文化和新中国的安全思想。但是，这并不是说中国可以躺在先人身上而不思进取和创新。相反，我们要在继承从孔夫子到孙中山以及毛泽东、邓小平、江泽民、胡锦涛等的思想理论中发展，形成新的理念和理论体系，奏响时代的理论最强音。

第二，要以时代发展的观点来审视和规划今后的安全理论。如果以“两个一百年”和“社会主义初级阶段”的时间框架来看，中国在安全上将会面对更多和更大的挑战。中国需要在国家社会嬗变之时，加强国内在外交安全方面的思想和理论共识，确立在实现全面“小康”并向“中等强国”过渡时期的战略目标、阶段任务、主要挑

战和方向途径等。唯有如此，中国的安全理论才能成为应对将要发生的种种挑战的思想武器和指导。

第三，要以内外统筹的观点来对待中国和国际社会在安全理论方面的互动。党的十八大以来，中国已经主办了亚信上海峰会、APEC 北京峰会、G20 杭州峰会、“一带一路”北京国际合作高峰论坛、金砖国家厦门峰会、中国国际进口博览会等。中国利用主场外交向世界传递中国思想和理论，并且提出了关于外交、安全、经济、文化等新理念。中国在向国际社会提供公共产品时，更加突出中国智慧、中国方案和中国引领的作用。与此同时，中国还利用许多双边和多边场合以及其他途径与国际社会在安全的实践和理论问题上进行建设性互动。但是，已有的互动同中国应有的规模和作用相比仍远远不够，需要在今后有量的倍增和质的飞跃。而且，在中外交织和内外一体的时代，中国的理论只有经过国际的考验，才能真正实现理论的指导性和普遍性。

总之，我们要借助党的十九大的东风，加快中国的外交安全理论建设，使这些呼之欲出的新理论和新战略能够长期指导我们的安全工作。

第二节　立场观点和思想理论

安全问题事关国家核心和重大利益，大家都很关心。因此，在如何看待和分析国家安全和安全战略问题上，我们一定要有正确的立场和科学的方法。同时，我们还要认识到，安全问题同内政外交问题密切相关，需要从中国特色社会主义实践和理论的大框架中予以领悟和认识。

一、坚持辩证唯物主义和历史唯物主义

马克思主义的基本立场、观点和方法就是辩证唯物主义和历史唯物主义，在新形势下一定要坚持和发展我们中国共产党人的这一基本思想武器和看家本领。习近平总书记 2014 年 11 月 28 日在中央外事工作会议上强调：要树立世界眼光、把握时代脉搏，要把当今世界的风云变幻看准、看清、看透，从林林总总的表象中发现本质，尤其要认清长远趋势。习总书记的这一讲话有两点特别重要。一是要坚持辩证唯物主义和历史唯物主义。应当承认，这些年来在高校中有关的学习和运用是不够的，需要补课。二是要在看待安全问题上防止和避免碎片化、片面化、情绪化和线性

化。当前,大家很多的信息来自社会媒体,如果没有正确的立场、观点和方法,就很容易被潮水般的信息所淹没,导致只见树木而不见森林。

二、认真学习中央文件,读通弄懂,深刻领会其实质精神

党的十八大以来,以习近平同志为核心的党中央十分重视国家安全问题,成立了国家安全委员会,提出了总体国家安全观。其实,从毛泽东到习近平,党和国家的领袖一直要求我们读原著和深入学习中央有关文件。我们要认真学习中央文件,读通弄懂,深刻领会其实质精神。

在国家安全理论方面,中华人民共和国在成立后形成了不同时期的国家安全战略思想。这些安全战略思想既具有优先重视政权稳定、维护国家主权安全、坚持独立自主和睦邻友好原则等方面的共性,也有在不同条件下对安全不同解读和应对的特殊性。例如,在建国初期,中国的安全更多是防止内外敌对势力的武装进攻。又如,在冷战结束初期,中国的安全主要是防止西方的颠覆与和平演变。针对当前的新形势,习近平总书记又强调要维护国家主权、安全、发展利益。

在新形势下,中国特色国家安全体系强调"总体性",就是要将各领域的安全统合到一起,形成一个"体系"。从体系的高度来审视国家安全,就要求统筹兼顾各种安全,从而克服"单打一"的弊端,避免不同领域的安全相互矛盾、冲突、干扰、制约。唯有如此,才能实现习近平总书记在国家安全委员会第一次全体会议上提出的目标:既重视发展问题,又重视安全问题,发展是安全的基础,安全是发展的条件,富国才能强兵,强兵才能卫国;既重视自身安全,又重视共同安全,打造命运共同体,推动各方朝着互利互惠、共同安全的目标相向而行。

三、在安全问题上,要全面思考和换位思考

古话说:兼听则明,偏听则暗。我们既要了解和理解中国的安全观,也要学会换位思考,从他国的角度来思考中国的国家安全观。例如,俄罗斯的安全观侧重于地区和国家,而且善用外交和军事手段。美国的安全观强调"威胁"和"挑战",老是在寻找"敌人"或"对手"。欧洲的安全观重视俄罗斯挑战、周边危险和社会安全。印度的安全观特别针对巴基斯坦和中国等邻国。在战乱的中东地区,他们的安全观主要是停止战争与谋求和平,并在和平环境下进行经济和社会发展。中国的安全与世

界的安全息息相关，我们当然要把国家的安全放在第一位，但只有换位思考才能更加深刻理解世界的安全问题，从而更好地维护中国的安全，两者并不矛盾，而是相互促进的。

第三节　全球安全挑战和应对

当前，时代的潮流是和平、发展、合作、共赢。但是，天下并不太平，安全形势不容乐观，充满着危机和挑战，因此我们要居安思危和有忧患意识。

一、全球安全挑战

在军事安全方面，地缘战略和地缘政治继续发酵。冷战思维和强权政治阴魂不散。欧亚大陆东西两端三地形势严峻，即中美在亚太的战略竞争、俄欧在克里米亚问题上的对立和有关各方在中东对抗。在经济安全方面，世界经济复苏乏力和持续低迷。金融危机阴云不散，发展鸿沟日益突出，反全球化和逆全球化抬头，部分新兴经济体下行。在社会安全方面，社会思潮普遍分化和极化。恐怖主义和极端主义严重，发达国家右倾明显，民粹主义明显抬头。此外，重大传染性疾病、气候变化等非传统安全威胁持续蔓延，人口老龄化问题突出。

二、军事安全挑战的应对

在应对军事安全挑战方面，我们需要新理念、新思路和新方法。在传统军事安全方面，增强国家军事力量仍是首选。习近平总书记 2017 年 8 月 1 日在庆祝中国人民解放军建军 90 周年大会上的讲话中强调，我们捍卫和平、维护安全、慑止战争的手段和选择有多种多样，但军事手段始终是保底手段。[①] 在非传统安全方面，国际协调和合作日益重要。国际军事安全合作的架构成为近年来的聚焦点，美国和西方坚持军事结盟，中国坚持“结伴不结盟”的主张。此外，在国际安全和军事对话上，各种机制既共处，又竞争。美国等西方国家主导的香格里拉对话和慕尼黑安全会议仍旧处于主导地位，但中国倡导的（清华大学）世界和平论坛和（中国军事科学院）香山

① 习近平：《在庆祝中国人民解放军建军 90 周年大会上的讲话》，北京：人民出版社，2017 年，第 15 页。

论坛等的作用正在不断提升。总的来说，全球，甚至地区性的安全共识与共同行动存在巨大空缺，安全与军事分歧依然突出。

三、经济安全挑战的应对

在应对经济安全挑战方面，中国坚持主张加大经济增长力度和强调发展总钥匙的功能。为此，中国提出了“一带一路”历史性创举性的倡议。中国国家主席习近平2013年9月7日在哈萨克斯坦的纳扎尔巴耶夫大学发表《弘扬人民友谊共创美好未来》重要演讲，盛赞中哈传统友好，全面阐述中国对中亚国家睦邻友好合作政策，倡议用创新的合作模式，共同建设“丝绸之路经济带”，将其作为一项造福沿途各国人民的大事业。

此后，习近平主席2013年10月3日又在印度尼西亚国会发表重要演讲指出：东南亚地区自古以来就是“海上丝绸之路”的重要枢纽，中国愿同东盟国家加强海上合作，使用好中国政府设立的中国—东盟海上合作基金，发展好海洋合作伙伴关系，共同建设21世纪“海上丝绸之路”。中国愿通过扩大同东盟国家各领域务实合作，互通有无，优势互补，同东盟国家共享机遇、共迎挑战，实现共同发展、共同繁荣。这就是“一带一路”倡议的缘起。

而且，中国在全球经济面临困难和经济全球化面临质疑的时候，勇立时代前沿，对世界经济发展提出了引领性的看法。2017年1月14日，习近平主席在达沃斯世界经济论坛2017年年会开幕式上的主旨演讲中指出，人类历史告诉我们，有问题不可怕，可怕的是不敢直面问题，找不到解决问题的思路。面对经济全球化带来的机遇和挑战，正确的选择是，充分利用一切机遇，合作应对一切挑战，引导好经济全球化走向。习主席在达沃斯的讲话增强了我们对世界经济前景的信心。

四、社会安全挑战的应对

世界社会安全的根源非常深刻，它的表现形式和应对方式在当代又有了相当大的变化。对于社会种族、宗教和政见对立，国际社会需要有效地应对民粹主义和极端主义。对于移民问题，需要在必须和可能之间寻找平衡点，特朗普总统的“禁穆令”不仅于事无补，而且起了火上浇油作用。事实上，现在一些欧洲城市里随处可见的难民，正是美欧在支持“阿拉伯之春”和武力政权更迭上的自食其果。至于社会公平、气候变化和人口老龄化等问题，更是要在认识其长久性和艰巨性的基础上，坚持标本兼治，持之以恒和不懈努力。

第四节　周边安全挑战和应对

在中国外交战略布局中，“周边是首要”。周边是我国必争必保之地。但中国周边安全形势特别复杂，既有历史遗留问题，也有中国和邻国的领土和领海争端问题，还有域外大国——美国的干预问题。

一、周边安全总体态势

当前，周边形势总体稳定向好，和平与发展的势头依然强劲，是当前全球格局中的稳定板块。促和平、求稳定、谋发展是多数国家的战略取向和共同诉求。亚太国家间政治互信不断增强，大国互动频繁，总体保持合作态势。通过对话协商处理分歧和争端是各国主要政策取向，地区热点和争议问题基本可控。亚太经济保持平稳较快增长，处于世界经济增长“高地”。中国坚持“亲诚惠容”的周边外交理念，不断加强同周边国家的关系，坚持不懈地加强地区安全合作，有效地应对安全热点问题，进一步维护和稳定了周边的安全环境。

二、局部挑战明显上升

随着世界和形势的变化以及中国的迅速崛起，中国在周边地区面临三大新挑战。第一，域内外大国关系重新盘整，美国联手盟国遏制中国更加突出。在奥巴马执政时期，美国提出了针对中国的“亚太再平衡战略”，并且纠集日本、菲律宾、澳大利亚等盟国，拉拢新加坡、越南等国家围堵中国。特朗普入主白宫以来，在南海问题和对台军事关系上不断有所动作，美国对华的安全和军事战略并没有实质性的变化。第二，中国同一些周边国家的领土领海争端凸显，成为地区乃至全球关注的重点。2016 年 7 月，所谓南海问题的国际“仲裁”把这一问题推上了高潮，大有“山雨欲来风满楼”之势。中国和日本在东海和钓鱼岛问题上的僵持局面依旧，中国和越南的海洋权益之争时起时伏。中国和印度在边境上也是状况不断，时时成为国际媒体关注的重点。第三，周边国家出现的新情况。缅甸、泰国和斯里兰卡等国政局变化，还有的国家加大军备竞赛，这些都增加了中国同这些国家双边关系的不确定和不稳定。

三、周边安全挑战

当前，中国周边地区仍面临诸多安全和军事挑战。朝鲜半岛问题复杂敏感，朝核问题日益突出，阿富汗和解进程进展缓慢，领土主权和海洋权益争端继续发酵。一些国家加大在亚太的军事部署，个别国家推动军事松绑，部分国家经历复杂政治社会转型，恐怖主义、自然灾害、跨国犯罪等非传统安全威胁日益突出。受自身结构性问题和外部经济金融风险等影响，亚洲经济仍面临较大下行压力。[①]

近些年来，海洋权益争端给中国周边环境带来的挑战比较突出。这里的原因很复杂，如 20 世纪 70 年代以来能源资源问题突出；又如 1994 年《联合国海洋法公约》生效后国际海洋形势发生的变化；海洋在各个国家发展战略中的重要性提高；特别是美国对中国迅速崛起表现出高度的战略警觉，把南海作为制约中国的重要抓手，以“航行和飞越自由”为借口，进行种种干扰。

四、中国的应对思路

面对新的安全形势和新的安全挑战，中国坚持和平发展道路，但又采取各种有效措施予以应对。第一，中国促进共同发展，夯实和平稳定的经济基础。第二，中国推进伙伴关系建设，筑牢和平稳定的政治根基。第三，完善现有地区多边机制，巩固和平稳定的框架支撑。第四，推动规则建设，完善和平稳定的制度保障。第五，密切军事交流合作，增强和平稳定的保障力量。第六，妥善处理分歧矛盾，维护和平稳定的良好环境。[②] 实践是检验真理的唯一标准。事实证明，中国的应对思路是对的，也是有效的。

第五节 周边安全理念和战略

中国是全球性大国，也是亚洲的主要大国，在周边安全问题上举足轻重。党的

① 国务院新闻办公室：《中国的亚太安全合作政策》白皮书（2017 年 1 月），《人民日报》，2017 年 1 月 12 日。
② 国务院新闻办公室：《中国的亚太安全合作政策》白皮书（2017 年 1 月），《人民日报》，2017 年 1 月 12 日。

十八大以来，中国相继提出了“新亚洲安全观”，并在此指导下制定周边安全战略以及相关的政策和举措。

一、周边安全理论

理念是行动的先导，解决新问题需要新理念。面对不断发展的周边政治、经济和安全形势，中国不仅批判冷战思维、零和博弈、武力至上和赢者通吃等陈旧安全理念，而且提出了与时俱进的新“亚洲安全观”。

新“亚洲安全观”首先是习近平总书记2014年5月在亚洲相互协作与信任措施会议（“亚信会议”）第四次峰会上提出的，其要点是“共同、综合、合作、可持续”。共同，就是要尊重和保障每一个国家安全。综合，就是要统筹维护传统领域和非传统领域安全。合作，就是要通过对话合作促进各国和本地区安全。可持续，就是要发展和安全并重以实现持久安全。中国的倡议得到了与会者的普遍赞同，被写入了峰会的《上海宣言》。

新“亚洲安全观”顺应全球化与和平、发展、合作、共赢的时代潮流，扎根于地区经济一体化进程，汇聚了地区国家的智慧和共识，体现了各方合作应对安全挑战的迫切需求，为亚太安全合作开辟了新的广阔前景。

二、周边安全战略的内涵

习近平总书记历来重视战略思维和战略运筹，而周边安全战略就是确定战略目标、运用战略条件、应对战略挑战，以及推进周边安全架构建设的重要载体。

第一，周边安全战略目标。中国作为具有全球影响的大国和世界第二大经济体，中国的周边安全战略目标是同其全球安全战略目标密切相关、互为一体的。中国的全球和周边安全战略的首要目标是维护国家主权、安全和发展利益。为此，中国努力在全球和周边推进和平与稳定，促进安全与发展的建设性互动。进而，中国努力营造周边的和平环境，建构安全合作机制，缓解或解决热点问题，与周边国家在共同安全中共同发展，在合作安全中实现合作共赢。

第二，周边安全战略条件。在很大程度上，中国周边安全战略条件决定着战略的制定和实施。当前中国周边安全的战略条件具有两面性。一方面，中国具有历史上无可比拟的有利战略条件。中国综合国力的持续提升和国际地位的日益提高，不仅改善和巩固了中国的周边安全，而且加强了中国在周边安全问题上的规制权和话语权。另一方面，不利的条件也在增加，形成巨大的政治、外交、军事掣肘，阻碍着中国周边安全战略的全面和有效落实。

第三，周边安全战略挑战。如果说，以前的周边挑战更多是地区性的，那么现在的挑战兼具全球性和全局性。相对于机遇而言，挑战虽然是第二位的，但具有复杂严峻的一面。美国和一些国家对我国战略警惕不断提高，具有多重挑战叠加、多点挑战交叉、多方高压并存的可能性。在此新形势下，中国需要在善用战略机遇的同时，不断化挑战为机遇，为实现周边安全战略创造更加有利的条件。

第四，周边安全架构建设。中国主张，各国在新形势下应与时俱进，以开放包容精神加强团结合作，推动完善地区安全架构。对于现有地区安全机制，中国主张尽量利用现有的安全合作机制，如东盟地区论坛、上合组织和亚信会议等。即使对于以美国为首的军事结盟体系，也是采取务实的态度而不予挑战或对抗。在未来安全合作机制上，中国已经形成了一些方向性原则：在原则上需要形成共识，在形式上应是多层次、复合型和多样化的，在维度上应与地区经济架构建设协调推进等。

第六节　主要双边安全关系

中国周边安全与主要国家有着密切的关系，因此有必要对中国同美国、俄罗斯、日本、朝鲜、韩国等的双边关系逐一进行分析，从而加深对中国周边安全问题的认识，并采取相应措施，以改善中国的安全环境和促进地区和平与稳定。

一、中美安全关系

中美关系是当今世界最重要的双边关系之一，两国又是崛起大国和守成大国的关系，因此关系特别错综复杂。两国在安全方面主要面临三大挑战。

第一，中美双方都把对方视为战略上的挑战。但是，中国的战略应对是努力化解双方可能的对立。习近平主席提倡的中美新型大国关系的三项原则就是不冲突不对抗、相互尊重和合作共赢。但是，美国始终把中国视为现实或潜在的安全挑战，并据此制定和实施相关的安全和军事战略。

第二，美国在安全问题上不断向中国发难。美国在东海和南海权益争端问题上，不仅拉偏架，而且以航行和飞越自由为借口，一再对我国进行抵近侦察和军事挑衅，甚至派出航空母舰在我国南海12海里领海内挑衅示威。美国还纠集日本、菲律宾和越南等国家阻挠中国的海洋强国战略。特朗普上台后，在南海问题上和对台军售问题上仍坚持原有的思维和行动，中美的冲突隐患依然存在。

第三，美国阻挠中国在地区安全架构方面的正当权利和正确主张。美国少数人士污蔑中国的亚洲新安全观是“新门罗主义”，阻止中国在亚太地区倡导以合作共赢和共同安全为核心的亚太地区安全架构，并且加紧同日本、菲律宾、澳大利亚、新加坡、印度乃至一些欧洲国家一起进行阻挠。美国对于中国主导的上合组织、亚信会议和香山论坛等，实际上是抵制和打压的。

但是，形势比人强。出于应对国际国内形势的需要，特朗普政府已经公开放弃奥巴马政府的“亚太再平衡”战略，菲律宾阿基诺三世总统的后任，杜特尔特总统决然采取“远美近华”政策和搁置南海仲裁案，东盟同中国已经达成“南海行为准则”框架，从而使南海主权争端向当事国回归。当然，美国在军事上遏制中国的本性不会轻易改变，特朗普政府在售台武器、南海问题上又有新的动作。但总的来说，在以习近平总书记为核心的党中央的坚强领导下，中国在亚太安全问题上又取得了新的阶段性胜利。

二、中俄安全关系

当前，中国和俄罗斯的安全战略合作关系达到历史最好时期。中俄安全合作具有极其重要的战略意义，为欧亚大陆乃至整个世界安全提供了正能量。在习近平主席和普京总统的战略引领下，当前中俄安全关系不断往高水平的方向上发展。中俄两国正在继续加强战略互信与协作，推进安全领域合作，加大在涉及彼此核心利益问题上的相互支持，密切在双边及重要多边框架内的协调配合，不断丰富中俄全面战略协作伙伴关系内涵，维护好共同战略安全利益，为两国各自发展振兴营造更加安全、稳定的外部环境，共同促进地区及世界的和平、稳定与发展。与此同时，中俄两国进一步发展能源、航天、核能、军机等领域的合作，在重大外交问题上相互支持，形成相互支持和响应的战略新合作。特朗普上台后，试图“拉俄压华”，但被“通俄门”以及美国对俄深层次的警惕与敌视所阻。

三、中日安全关系

2012年12月日本自民党安倍晋三复出，加紧右倾化，其强军、修宪、靠美、制华等政策把中日关系推向紧张，两国关系中的安全军事负面因素突出。近年来的事实证明，安倍政府在安全军事上的战略思想、宣传舆论和实际举措是恶化中日安全关系的根源之所在。第一，安倍政府力图打破战后以来日本建立在和平宪法基础上的和平主义体制，其政治目标是从战后历史中“夺回强大日本”，为此要渲染中国的安全军事威胁。第二，安倍政府依靠美国，在地区安全问题上狐假虎威，打击和压制中国。2016 年的日本《防卫白皮书》和《中国安全保障报告》都指名道姓地攻击中国。而且，日本还认为中国威胁到日本的海洋生命线。因此，日本支持美国奥巴马政府的“亚太再平衡”战略，在东海加强控制钓鱼岛，在南海强调“法治”和“规则”，主导编织针对中国的安全包围网，并试图搞“东海、南海联动”来牵制中国。第三，安倍政府利用朝鲜半岛形势，加强与美国和韩国的安全军事关系，形成对中国的多边压力。

中日安全军事关系紧张不可能在短时期内得到根本解决，但是应当，而且可能予以管控的。中国坚持既斗争又对话的“两点论”，迫使安倍首相实际上作出了不再参拜靖国神社的保证，并表示愿意落实双方 2014 年达成的四点原则共识，积极推进两国各领域的交往与对话，增进两国人民相互理解。中日两国领导人已经多次对话，习近平主席 2017 年 7 月 8 日在 G20 汉堡峰会期间会见安倍首相时再次强调，“维护好政治基础是中日关系健康发展的前提。邦交正常化以来，中日双方先后达成 4 个政治文件和 4 点原则共识，就妥善处理历史、台湾等问题确立了原则”；“在新的历史时期，双方应该审时度势，立足大局和长远，既在战略上把准和平、友好、合作大方向，又在行动上作出扎扎实实的努力。希望日方把改善中日关系的意愿更多体现在政策和行动当中”。[①] 总而言之，包括安全军事关系在内的中日关系任重道远，还会在艰难曲折中前行。

四、中朝安全关系

中朝是山水相依的邻邦，但在安全军事关系上因朝鲜对核导试验的态度而面临风险。朝鲜核导问题已经存在了数十年，但 2009 年后愈演愈烈且进入朝鲜与美国、韩国和日本等的对抗通道，成为亚太地区乃至全球的重大安全问题。根据王毅外长的多次公开讲话，中国在朝鲜核导问题上的基本立场是：第一，中国在处理朝鲜核导问题时，主要坚持两大原则。一是始终坚持无核化的大方向。中国坚决反对朝鲜

① 《人民日报》，2017 年 7 月 9 日第 2 版。

继续进行核导开发的行为，将和各方一道不折不扣地执行好安理会涉朝决议。二是坚决维护朝鲜半岛的和平与稳定。作为朝鲜的邻国，中国坚决反对在朝鲜半岛生乱生战。第二，中国不是半岛问题的直接矛盾方，解决半岛核问题的钥匙也不在中国手里。但是多年来，中国作为半岛近邻，本着对半岛和平和地区稳定负责任的态度，为推动谈判解决半岛核问题作出了不懈努力，发挥了独特作用。第三，中国提出了“双轨并行”思路和“双暂停”倡议。“双轨并行”旨在按照同步对等原则，并行推进实现半岛无核化和建立半岛和平机制两条轨道，最终予以一并解决。“双暂停”倡议则是通过朝鲜暂停核导活动，美韩暂停大规模军演，推动双方回到谈判桌前，启动“双轨并行”的第一步。[①] 中方提出的上述方案使短期目标与长期目标相互结合，相辅相成，既侧重解决各方最紧迫的关切，又借此铺设通往无核化的道路。

五、中韩安全关系

中韩自 1992 年建交以来，两国关系发展很快。但是，由于复杂的历史和现实原因，两国安全关系远远落后于两国政治、经济关系的发展。2016 年初，韩国以朝鲜核导试验为由，公开表明要考虑引进美国的“萨德”防御系统，从而使中韩安全关系陷入困境。

“萨德”是当今世界上唯一能在大气层内外拦截弹道导弹的地基系统。其 X 波段雷达可以检测朝鲜、中国东北大部分地区、俄罗斯远东部分地区的导弹发射。对中国来说，一旦“萨德”切换至这种工作模式，整个华北、华东、渤海、黄海、东海区域的弹道导弹发射都将实时处于美国监控之下，其辐射边缘甚至已经达到了西安。为此，中国自始至终反对在韩国部署“萨德”反导系统。

2016 年 7 月 8 日，美韩正式宣布将在韩国部署“萨德”系统。当天，中国外交部副部长张业遂就此分别召见美国驻华大使博卡斯、韩国驻华大使金章洙，提出严正交涉，强调此举破坏地区战略平衡，严重损害中国战略安全利益，也不利于维护东北亚地区的和平与稳定，中方对此坚决反对，并强烈敦促美韩停止有关进程。2017 年 7 月 29 日，韩国总统文在寅下达指令，针对朝鲜发射洲际导弹级弹道导弹，将立即同美方协商部署剩余的 4 架“萨德”系统导弹发射车。中国外交部发言人耿爽对此于同日在答记者问中严正指出：中方对韩方有关做法表示严重关切。中方坚决反对

① 王毅：《坚持实现无核化目标 维护半岛和平与稳定——在朝鲜半岛核问题安理会部长级公开会上的发言》(2017 年 4 月 28 日，纽约)，http://www.fmprc.gov.cn/web/wjbzhd/t1457787.shtml。

美国在韩国部署“萨德”系统的立场是一贯和明确的。部署“萨德”解决不了韩方的安全关切，解决不了朝鲜半岛的有关问题，只会使问题变得更加复杂。而且，在韩国部署“萨德”系统，严重破坏了地区战略平衡，损害包括中国在内的本地区国家的战略安全利益。我们强烈敦促韩美双方正视中方利益关切，停止有关部署进程，撤除相关设备。

总之，“萨德”事件对中韩安全关系的影响已经严重地涉及两国的政治、经济、文化关系等，并使中、韩、美、日、朝等国关系更加复杂化，为东北亚安全问题蒙上了深深的阴影。

六、中印安全关系

中国和印度安全关系主要受制于三大因素：第一，历史安全因素。印度在西藏和达赖集团问题上的态度和政策影响到中国的核心利益。特别是 1962 年 10 月中国在边境自卫战中大败印度，印度一直对此耿耿于怀，总想报这“一箭之仇”。第二，现实安全因素。在印度看来，中国同巴基斯坦的关系直接威胁到印度的安全。而且，中国的强劲发展以及中国同南亚国家关系的深化也对印度形成现实和潜在的威胁，并直接影响到印度在南亚和印度洋的主导地位。第三，地缘战略因素。印度在仅仅依靠自身力量难以抗衡中国的背景下，借助于美国和日本等国向中国施加战略压力。而印度此举也正合美国和日本等国的心意，它们之间的战略合作实际上影响到中印安全关系的稳定和发展。

应当说，进入新世纪以来，中印关系的主流是好的，两国在管控分歧方面是有共识的。但是，在媒体放大和政治因素的催化下，一些局部问题和偶发事件往往会影响到中印两国的安全关系。例如，中印两军 2017 年 6 月至 8 月在洞朗地区的对峙事件，一时成为人们关注的热点问题。洞朗隶属西藏自治区日喀则市亚东县下亚东乡，西与印度、不丹两国为界，占地面积约 109 平方公里。2017 年 6 月 16 日，印方指责中方在洞朗地区修路“改变现状”，印军以“安全关切”为由越界闯入洞朗地区。从深层次上讲，洞朗事件表明，一是印度仍旧难以摆脱在中印边境地区的鸠占鹊巢的心态；二是印度以此阻止不丹同中国的全面关系正常化；三是印度在国内矛盾激化时拿中国说事以转移国内视线。但是，中印的直接军事对抗和冲突毕竟不符合两国的根本利益，双方经过多次外交对话和沟通，终于以印度将越界人员和设备全部撤回边界印方一侧而使洞朗事件得以和平解决。

第四章　南海问题与海洋安全

习近平同志在十八届中共中央政治局第八次集体学习时强调："进一步关心海洋、认识海洋、经略海洋，推动海洋强国建设不断取得新成就。"关于南海问题，习近平指出，南海诸岛自古以来就是中国领土，这是老祖宗留下的。任何人要侵犯中国的主权和相关权益，中国人民都不会答应。中国在南海采取的有关行动，是维护自身领土主权的正当反应。对本国领土范围外的土地提出主权要求，那是扩张主义。中国从未那么做过，不应当受到怀疑和指责。

问题

- 我国南海面临哪些问题？我国应该如何应对？
- 我国解决南海问题的机制是什么？
- 如何把握我国的海洋安全与"一带一路"建设的关系？
- 如何理解海洋安全在国家安全中的价值和地位？
- 如何推进我国的海洋强国战略？

第一节　"菲律宾南海仲裁案"与"朝核危机"的法律战需要警醒

一、中国发展需要良好的国际环境

有人说，在中国经济快速发展的时候，美国试图搅乱中国的节奏，这种说法不无道理。我们都知道，当中日韩自贸区将要达成的时候，发生了中韩苏岩礁事件、中日钓鱼岛事件，为什么会发生这种事件呢？试想，中日韩自贸区一旦形成，世界第二大经济体、第三大经济体、第十一大经济体，合起来实际上可以比肩美国了，如果以"亚元”来代替“美元”的话，对美元的国际地位将会构成巨大威胁。所以，美国肯定不情愿。中韩苏岩礁争端、中日钓鱼岛争端导致中日韩自贸区无法建成。不管是美国有意抑或无意为之，中日韩自贸区结束谈判，对美国是利好。另外，当我们中国与东盟相处融洽的时候，曾经搞一个东盟自由贸易区，也试图以亚元来作为流通货币，却突然发生了南海仲裁案。临时仲裁庭没有管辖权，我们不参与、不接受仲裁裁决。但是国际社会不知道，有一些别有用心的媒体对中国是否遵守国际法进行大肆恶化和丑化，所以中国在国际社会的形象，尤其是在东盟地区的形象，陷入相对被动的局面。但中国以静制动，认为发展才是硬道理，发展是解决一切问题的根源。所以说在这种情况下我们只有专注于发展，置其他于不顾。中国在崛起的过程之中无论是经济安全、政治安全、法律安全、军事安全都会受到全面的考量和考验，我们需要从海洋法的角度来诠释大国安全的问题。

二、菲律宾南海仲裁案法律战

西塞罗曾说过，“谁控制了海洋，谁就控制了世界”[①]，“谁控制了海洋，谁就拥有了贸易；谁控制了世界贸易，谁就拥有了世界的财富，进而控制了世界”[②]。我国航海家郑和曾说过，“欲国家富强，不可置海洋于不顾。财富取之于海，危险亦来自海上”。在我国建设海洋强国的战略目标上，在积极推进“一带一路”建设的道路上，海洋安全问题是我们大国安全必须正视的话题。数百年来，葡萄牙、西班牙、荷兰、英国、美国等国家曾依靠海洋霸权实现了海上统治。进入 21 世纪，海洋霸权依然色彩浓重。以美国等为代表的海洋强国施行的霸权行径屡屡破坏国际海洋法律秩序。美国重返亚太后，南海问题、东海问题变得更加复杂和突出，中国海洋权利受到空前挑战。以钓鱼岛为例，《开罗宣言》《波茨坦公告》《日本投降书》以及《中日联合声明》，既是限制日本主权的基本法律文件，也是支持中国对钓鱼岛享有主权的法律依据。[③] 日本的购岛闹剧无疑侵害了中国对钓鱼岛的领土主权。对于南海问题，美国一意孤行，仅在 2016 年就数次以“航行自由”为名非法侵害中国海洋主权权利，罔顾国际法，挑战联合国权威。在南沙群岛问题上，越南等国出尔反尔不遵守国际法的

---

① ［美］艾尔弗雷德·塞耶·马汉，熊显华编译：《大国海权》，南昌：江西人民出版社，2011 年，封底。
② ［德］H. 帕姆塞尔：《世界海战简史》，北京：海洋出版社，1986 年，第 67 页。
③ 管建强：《国际法视角下的中日钓鱼岛领土主权纷争》，《中国社会科学》，2012 年第 12 期。

有关规定，违背了“禁止反言”等国际法原则，粗暴践踏国际法。[①] 而菲律宾在南海问题上违反《南海各方行为宣言》和相关国际公约规定，违背中菲通过谈判解决争议的共识，单方面发动南海仲裁案，侵犯了中国依据公约自主选择争端解决方式的权利，违反和滥用公约争端解决机制，歪曲历史事实，曲解法律，企图否定中国在南海的领土主权和海洋权益。而同时，其本国的海洋安全与海上资源开发权被操控在某些海洋强国之手，甚至连自身的利益诉求也受制于人。

菲律宾南海仲裁案，非法仲裁庭作出中国败诉的非法裁决，虽说它是“一张废纸”，而在国际社会上，我们还是曾经一度陷入被动局面。国内专家学者从上到下采取各种措施来化解这种被动的局面，当然这种化解是卓有成效的。2017 年 5 月 1 日，菲律宾总统杜特尔特登上中国海军长春舰访问，在东盟的相关会议上他再也不谈菲律宾南海仲裁案了，中菲之间也签署了一系列的合作协议，这就是化解的良好例证。但是，从国际法角度来看，菲律宾南海仲裁是误解、曲解、滥用《联合国海洋法公约》的结果，这应该引起我们的警醒：法律战是一种没有硝烟的战争，但是依然可以让一个国家非常被动。

当前，我国已经提出认知海洋、利用海洋、管控海洋、生态海洋、和谐海洋五位一体的构想。近海、远海、深海空间的资源开发问题、南海问题、东海大陆架问题、岛链问题都是引发国际关注的重要敏感问题，海洋政治安全、军事安全、经济安全、制度安全和权益保障都涉及我国的核心利益。可以说，对海洋安全问题的研究正如海洋一样浩瀚无垠。其中，制度安全的一项重要内容就是法律安全。或者说，法律安全也是大国安全的重要阀门。

三、朝核危机法律战

如果说菲律宾南海仲裁案是恶意利用《联合国海洋法公约》的法律战，那么朝核危机事件应该是利用《不扩散核武器条约》的法律战。《不扩散核武器条约》主要内容是规定有核国家不得向任何无核国家直接或间接转让核武器或核爆炸装置，不帮助无核国家制造核武器；无核国保证不研制、不接受和不谋求核武器；停止核军备竞赛，推动核裁军；把和平核设施置于国际原子能机构的国际保障之下，并在和平使用核能方面提供技术合作。朝核问题一直是重要的国际热点。

---

① 王可菊：《中国对南沙群岛拥有领土主权——兼评越南在南沙群岛问题上出尔反尔的行为》，《法学研究》，1990 年第 2 期。

第二节 中国在海洋问题上的政策变迁

一、反思历史，不断前行

中国秦汉时期就有海上贸易。但明朝后期开始实施“禁海”政策，《明史》中记载的“明祖定制，片板不许下海”，就明令禁止民间海船出海。到了清朝，进一步实施了“迁界”政策，《南明史》中记载：“广东迁徙沿海居民在康熙元年二月，清廷派科尔坤、介山二大臣巡视海疆，令滨海民悉徙内地五十里，以绝接济台湾之患。于是麾兵折界，期三日尽夷其地，空其人民。”“禁海”政策、“迁界”政策的实施使我国海洋完全失守。面对西方国家的海上进攻，无法应对，所谓“欲以柔道应之，则启侮而意有难餍。以刚道应之，则召衅而力有难支。以旧法应之，则违时而势有所穷。以新法应之，则异地而俗有所隔”。[①] 梁启超曾感言：“郑君之初航海，当哥伦布发见亚美利加以前六十余年，当维哥达嘉马发见印度新航路以前七十余年。顾何以哥氏、维氏之绩能使全世界划然开一新纪元。而郑君之烈，随郑君之没以俱逝。”[②]

被动、消极、忽视、避让和无奈，用这些词来概括当时的海洋政策是最恰当不过了。当前，我国积极推进“一带一路”、建设海洋强国等主动投身海洋的做法，跟那时候比起来，进步是跨越式的。2016 年我国海洋经济总产值占整个国民总生产值的 9.6%。当一个产业能超过全国 GDP 的 5%就可以被称为支柱产业了，海洋产业已经达到 9.6%了，其地位不容小觑。所以，我们应该抛弃过去不顾海洋的错误思想，要向海而生。世界宏观经济有大数据：世界经济的 60%以上离海岸线不超过 100 公里，整个世界 80%的特大型城市，都在离海岸线 100 公里左右的范围内。对世界经济的宏观分析得出的结论值得我们注意。中国的特大城市上海、天津、广州、深圳等离海岸线都没超过 100 公里。所以，向海而生成为世界的潮流。

二、世界各国注重海洋

1. 各国纷纷制定海洋战略

当今世界，越来越多的国家关注海洋的价值和战略意义。美国《21 世纪海权合

---

① 丁凤麟、王欣之：《薛福成选集》(上)，上海：上海人民出版社，1987 年，第 501 页。

② 梁启超：《祖国大航海家郑和传》，载《郑和研究资料选编》，北京：人民交通出版社，1985 年。原载《新民丛报》1904 年第 3 卷第 21 号，署名“中国之新民”。

作战略：前沿、介入以及准备》《俄罗斯联邦至2020年海洋学说》《韩国21世纪国家海洋政策》《日本与海洋：21世纪海洋政策建议》《越南至2020年海洋战略规划》……说明海洋国家都在从战略高度上重视海洋问题。在此背景下，中国提出了大力发展海洋经济、实施海洋战略，并着力推行21世纪海上丝绸之路的战略构想与设计。党的十八大报告中明确提出，要“提高海洋资源开发能力，发展海洋经济，保护海洋生态环境，坚决维护国家海洋权益，建设海洋强国”。十八届四中全会大力弘扬依法治国方略。十八届五中全会提出拓展海洋新空间。在实施中华民族伟大复兴的历史征程中，建设海洋强国俨然成为中国梦的重要组成部分。在此背景下，我们应该做好如何应对新的海洋秩序的准备，推动海洋法权的实施，加强海洋立法研究。

2. 海洋问题源远流长

海洋是我们在陆地资源逐渐枯竭的时候，还有可能获得更多生存空间的地方。日本几年前在 *Nature* 上发了一篇文章：日本在西南太平洋海底4 000米到6 000米的深海的淤泥里面，发现了一种重要的战略资源——稀土，储量是全世界陆地储量的1 000倍。这一新发现表明海洋还可能存在很多没被发现的资源。到底还有多少资源，有待于科学进一步发现、探明、核实。根据世界自然基金会（WWF）在北京发布的《重振海洋经济——2015年行动方案》指出，全球主要的海洋资源价值估计至少24万亿美元。[①] 由于人类对海洋的认知有限，这个数额，可能还只是海洋价值的一部分而已。同时，海洋资源的分布范围很广，根据科学探查，在世界最深的马里亚纳海沟，在深达11公里的极寒地带，那里没有光，没有空气，但却有生物；在接近海底火山的地方，温度高达几千度，那里居然也有生命存在，这让我们对海洋产生无限想象：海底到底有多少资源？

三、海洋问题需要立法

1. 海洋法律缺失亟待弥补

在近海海域，当我们还在徜徉于我国原本18 000多公里海岸线的时候，殊不知当下轰轰烈烈的肆意填海造地，将海岸线去曲取直，使得海岸线缩短近2 000公里；当我们还在盘桓于我国原本7 600多个岛屿的时候，却因填海连岛、炸岛取石、岛屿

① 彭科峰：《全球主要海洋资源价值24万亿美元》，《中国科学报》，2015年5月19日。

开发等行为，使得岛屿消失近1 000个。而与此形成鲜明对比的是，日本将冲之鸟礁填充加固，试图形成74万平方公里的海底大陆架和40多万平方公里的专属经济区，企图霸占该区域蕴藏的大量铜矿等稀有金属矿、海底热水矿床和可燃冰资源。在海岸线缩短、岛屿消失的情况下，我国每年仍以数百平方公里的速度在填海造地而无专门立法加以调控。所以，有关填海造地立法、海域综合管理立法、海岸带综合管理立法等亟需加强。

在远海海域，我国长期保持渔业产量世界第一的地位。但是，过度的捕捞已经严重制约了海洋渔业的可持续发展。我国至今并未建立起相应的渔业资源分配制度，共享性的恶性竞争必然导致渔业资源走向衰竭，高产状态难以为继。渔业行业中，由于船长和船员安全法律规定不到位、相关制度不健全、相关标准不达标、渔业安全不重视、基本保障滞后、海上救助不足等原因，渔船事故不绝于耳。远海捕捞中，我国渔民遭遇驱赶、扣押、抓捕，甚至为此付出生命代价的情况也时有发生。一方面亟需出台未有立法，一方面需要改变现有立法单薄、应付、落后的现状，使得我国的远海海域立法充盈起来，让渔民的安全和权益维护问题得以解决。

在深海海域，当我们还在踯躅于原本丰富的稀土资源如何开发利用时，日本却在太平洋中部及东南部3 500米—6 000米深海底淤泥中发现大量稀土资源，可开采量约是陆地储量的1 000倍！当今，深海油气资源、海底矿产资源、深海基因资源等正成为开发的热点。中国已于2001年在东北太平洋获得多金属结核矿区勘探权；2011年又获得西南印度洋多金属硫化物矿区专属勘探权；2013年再次获得西太平洋富钴结壳矿区勘探权，成为世界上首个就三种主要国际海底资源均拥有勘探矿区的国家。截至2015年10月，中国已有56个海底地名提案获得国际海底地名分委会审议通过，并被纳入国际海底地名名录。我国积极参与国际海底资源事务的表现与国内立法严重滞后的现实形成鲜明对比，我国深海海底资源勘探开发的立法并未跟上时代的步伐。现有的《中华人民共和国深海海底区域资源勘探开发法》条文简单，可操作性不强，亟待详细的实施条例予以明确。

2. 海洋需要系统性立法

我国的海洋立法不仅需要近海、远海、深海三位一体的海洋之经立法构建，还需要海洋上、中、下的海洋之纬立法。

关于海洋之上，我们已有航行自由、飞越自由、科研自由等国际法律规范，但是对于新的问题诸如设立海上航空识别区等问题，也必须认真对待。航空识别区的设立依据、设立程序、设立范围，识别对象、识别规则、识别方式，监控的措施、可以采取的措施，识别区的重叠与冲突解决等问题也需要通过立法的方式加以解决。这对维护我国的海洋高边疆具有重要意义。

就海洋水体本身来说，其间蕴含的丰富的生物多样性资源、遗传资源如何开发利用，海洋所承载的航道资源、渔业资源等海水中生存的生物资源，食品、药物资源，溶解于海水中的氯、钠、镁、钾、硫等化学元素，海水波浪、潮汐及海流所产生的能量、贮存的热量，以及提供给人们生产、生活和娱乐的空间及其他资源均属于海洋水体可能带给人们的资源，对于这些资源如何开发利用，也亟需相应的法律制度与之配套。

对于海洋洋底以下来说，石油、天然气资源储量巨大。根据《中国海洋油气资源开发现状与未来前景预测报告(2018 版)》显示，全球海洋石油资源量约 1 350 亿吨，已探明储量仅占约 28%；海洋天然气资源量约 140 万亿立方米，已探明储量仅占约 29%。中国南海的石油、天然气储量较大，中国有可能成为世界五大石油生产国之一。世界许多国家已在近岸海底开采煤铁矿藏。日本海底煤矿开采量超过其总产量的 30%。海底多金属结核含有锰、铁、镍、钴、铜等几十种元素。世界海洋 3 500 米—6 000 米深的洋底储藏的多金属结核约有 3 万亿吨。其中锰的产量可供世界用 18 000 年，镍可用 25 000 年。全球海底可燃冰的储量是现有石油天然气储量的两倍。另外，已发现的还有海滨砂矿、热液矿藏等物质。由于人类对海洋的认识有限，海底到底有多少物质，现在还难以知晓。但是，不可否认的是如何开发这些资源必须有配套的法律制度。这无疑成为海洋立法的重要和必要组成部分。

海洋资源开发的法律制度是海洋立法的重要组成部分。但是我们无法回避资源开发过程中对海洋造成的污染问题。伴随着人类征服海洋的能力越来越强，在当前大力发展海洋经济的过程中，因海洋利用、资源开发导致的海洋污染问题越来越严重，美国、澳大利亚、日本、英国、德国、法国、意大利、西班牙、荷兰、葡萄牙、挪威等国家已制定海洋资源开发污染防治的专门立法，它们针对海洋资源开发污染防治的具体法律制度、执法手段、司法案例对我国具有一定的参考借鉴价值。我国渤海湾曾经发生的康菲漏油事件，已对我国加强相关立法提出了严峻考验。因此，在我国积极开发利用海洋的过程中，需要妥善处理海洋资源开发污染防治实践中存在的立法、行政、国际合作等法律问题；要履行《联合国海洋法公约》所规定的污染防治制度规定，要与国外相关立法进行制度比较、原则比较、背景比较，要对海洋资源开发污染防治的利益衡量和风险防范进行法经济学分析，以便尽早制定相应的立法。

还有一类问题较为棘手，即资源开发、污染防治过程中产生的纠纷如何处理的问题。首先,国内法上因近海资源开发产生的纠纷,如海岸带划界、近海资源开发与渔业权、捕捞权、航行权之间的冲突,还比如近海资源开发涉及的征海补偿问题等,这些都需要通过法律手段加以解决。国内外已发生很多近海资源开发纠纷的案例,我国《海域使用管理法》在实施过程中也积累了很多实践案例,需要在总结近海资源开发纠纷解决立法、执法和司法实践问题的基础上,发现我国现有近海资源开发纠纷解决机制法律供给不足的原因、后果、前景,要考虑我国在海洋经济战略的背景下,海洋管理部门、海洋产业部门以及社会公众对建立近海资源开发纠纷解决机制的期盼和推动力量以及国家利益、社会利益和个人利益的权衡,因地制宜地制定相应的纠纷解决机制。其次,关于公海、国际海底区域等国家管辖权外海洋资源开发利用纠纷的解决事关国家利益;南海填海造陆、大陆架划界、专属经济区归属、历史性权利保护等问题的解决,事关国家主权权利,对我国走向远海、深海都会产生重要影响。当前,我国应对这些问题的对策和经验不足,对我国走向海洋战略不利。国际公约中有关国家管辖权外海洋资源开发的规定需要认真把握,比如联合国海洋法公约、国际海底管理局相关规定、海洋争端解决相关机制及规定中对我国有利和不利的条款、实践经验等需要我们深入研究。但是,究竟有多少人对国际海洋法法庭自 1996 年开始履行审理海洋争端职责以来的案例进行过深入研究？有多少人对该法庭与国际常设仲裁法庭、国际法院多年来处理海洋争端的情况进行过比较分析?有多少人关注国家管辖权外海洋资源开发纠纷案件审理的特点,并能为我国参与国家管辖权外海洋资源开发、应对纠纷解决提供参考？这一切,都值得我们思考与努力。

第三节 海洋竞争与海洋安全

在我国面临严峻的海洋国际环境形势下,我们认为,构建竞争与合作并存的海洋资源开发现实是构建纠纷解决机制的客观要求,为此我们必须作出体制机制创新,增强国家管辖权外海洋资源开发国际合作管理制度构建,拓展国家管辖权外海洋资源有序开发和创新能力建设,即便发生纠纷,在纠纷解决机制方面,我们需要积极构建政府磋商、中介沟通、企业合营、国际合作的综合解决机制,并为参与诉讼解决做好充分准备,而且为此制定相应的制度保障,赢得先机与话语权。

1947 年,当时的国民党政府已绘制了我们南海的权利线,当时还是十一段线。当时,对于南海密密麻麻的岛礁,中国都予以命名。后来由于我国和越南在北部湾划界的时候，中越之间达成了友好协议，中越之间在北部湾的划界已经清楚，所以变成了九段线。2016 年，中国政府将这些线称为“南海断续线”。但是，越南等国家不承认我国的南海断续线，对该线范围内的岛礁进行非法占有，给我国南海资源的开发和权益维护带来了诸多问题。

一、南海问题的由来

1. 我国最早发现、开发和利用南海

根据中华人民共和国关于南海问题的声明，中国人民在南海有两千多年的历史，中国最早发现、命名、开发和利用南海诸岛及相关海域，并最早持续和平有效地对南海诸岛及相关海域行使主权和管辖，确立了中国在南海的领土主权和相关的权利。这是中国政府官方文件里面的表述。从历史上看，我们出土的有西汉长沙国南部地形图的古地图，是迄今为止最早把南海绘入中国地图的古地图。这个实物表明，那时候的南海已经入了中国的版图。所以说，中国两千多年前就已经发现南海是有依据的。后来在汉武帝的时候，我们曾经把越南统一了，设九郡，东汉的《异物志》里面说：“涨海崎头，水浅而多磁石，徼外大舟，锢以铁叶，值之多拔。”那个时候的涨海和崎头都是对南海以及南海的岛礁沙滩的称呼。三国时吴中郎康泰在《扶南传》中记载“涨海中倒(到)珊瑚洲”，此处“珊瑚洲”泛指南海诸岛。《梦粱录》《岛夷志略》《东西洋考》《顺风相送》《海国闻见录》等史书都证明我国对群岛确立并行使管辖权。我们还有很多古书里面都有关于证明我国对南海群岛确立并行使管辖权的证据。所以，中国政府关于南海声明里面是有充分历史依据的。

2. 国外势力介入南海

南海问题之所以成为问题，就是因为国外势力的介入。法国殖民越南的时候发生过“南海九小岛事件”。当时，法国把这些九小岛都划归越南了，中国人民予以坚决抵抗，发生了小规模战争，这是我们反抗侵略的表现，也是我们捍卫南海主权的表现。这种行为非常有力地说明我们反对别国占领这些岛礁的意图。南海真正成为问题是从 20 世纪 70 年代开始的。1968 年，联合国亚洲暨远东经济委员会成立的“亚洲外岛海域矿产资源联合探勘协调委员会”提出的勘查报告指出，越南沿岸之邻近海域、南沙群岛东部和南部海域蕴藏着丰富的油气资源。南海各国及其他国家纷纷对该资源趋之若鹜。1973 年第一次世界石油危机加速了南沙油气资源的争夺。尤其是对于越南、菲律宾、马来西亚来说，资源就在眼前，所以他们蠢蠢欲动。近年

来，马来西亚、越南、菲律宾把西方国家引进来共同开发南海的油气资源，加剧了南海地区的国际化和复杂化情景。当南海域外国家获得既得利益的时候，中国政府的主张就会影响到他们利益，于是他们和中国自然而然就会产生争议。当前，美国、日本、俄罗斯、法国、英国、挪威等国家都直接或间接地在帮南海的一些小国开采石油，所以说南海就是因为这些国家的介入才成了问题。有些国家，一方面自己反对中国在南海的权利，另一方面挑拨小国家来反对中国，所以南海就成了问题。美国把南海作为棋子，而且南海就在美国第一岛链范围之内；美国第一岛链就是到台湾海峡，以台湾为中心的第一岛链，这个岛链是从日本到马六甲海峡这一带。所以说，如果台湾问题解决了，第一岛链不攻自破。

3. 南海问题形成的国内因素

南海问题的形成，除了国际因素外，也有国内的因素。比如我国历史上的禁海和迁界政策，把海域拱手让出了，现在情况发生了巨大改变。过去，我们认识不到海洋的重要性，现在对海洋的认识依然不够。所以，到十八大的时候我们才提出建设海洋强国。海洋意识决定了我们的行动。习近平总书记曾指出，建设海洋强国是中国特色社会主义事业的重要组成部分。所以，国内掀起了研究海洋问题的热潮，认识到大国安全离不开海洋安全的支撑。我们认识到一条条岛链就像一个个枷锁一样，企图把我们控制在内陆，如果这些岛链不能有效突破，我们将处在一个地理位置完全不利的地方。我们向西全是高山，向南被封锁了，向北是俄罗斯，向东是日本、韩国，面临的压力不小。我们只有把海上的枷锁打掉，打通海上的岛链，中国的生存空间才能扩大。所以，十九大明确提出“加快建设海洋强国”。南海问题和海洋战略问题，与我们的民族复兴是紧密关联的，中华民族的伟大复兴，必须向海。世界上没有任何一个强国不是海洋国家，也没有哪个非海洋国家是强国。海洋和一个民族的强大密不可分。所以，我们一定要向海，而首先要解决的是南海问题。南海是“一带一路”布局的核心点，南海是中国走出去的主要出口。海上丝绸之路要走得通，必须解决通道的问题。

二、海上通道安全及其应对措施

1. “辽宁号”前身“瓦良格号”曲折抵达中国的历程

“瓦良格号”航母，从乌克兰造船厂到中国这么近的距离，我们走了两年多时间。苏联造航母的基地就在乌克兰，“瓦良格号”当时快造好的时候，苏联解体了，乌克兰独立。由于造航母要花很多钱，快完工的时候还要再投资上亿美元，而且航母造好了要维护，每年维护要几千万美元，这是一个沉重的负担，所以这艘快造好的航空母舰就静静地躺在那里。1998年4月，澳门创律旅游娱乐公司（香港创律集团的子公司）通过竞标，以2 000万美元买下“瓦良格号”。1999年6月14日清晨，澳门创律公司雇用荷兰籍拖船，牵引着无动力的“瓦良格号”航母缓缓驶离乌克兰港口。但驶抵黑海水域准备通过土耳其博斯普鲁斯海峡时遭遇阻挠，“瓦良格号”被阻挡在黑海中，漂荡了很长时间后，又返回原海港。2001年11月3日，“瓦良格号”在爱琴海遭遇强风暴，连接“瓦良格号”和挪威拖轮的钢缆断裂，“海上巨无霸”像疯子般在布满几千个暗礁的爱琴海中漂流了几个小时，还造成一名挪威籍船员死亡。1999年12月19日，密切关注“瓦良格号”动向的美国终于从幕后转到台前，美国驻土大使皮尔森会见米尔札欧鲁，表达了美国政府对“瓦良格号”的关切。与此同时，中国台湾地区驻土耳其伊斯坦布尔的“办事机构”也一直上蹿下跳，四处游说，企图阻止“瓦良格号”出海峡。2002年3月3日，“瓦良格号”经过15 200海里远航，历尽艰险，终于抵达中国大连。2002年至2005年间，大批中方工程技术人员对“瓦良格号”进行了全面检测。2005年进入干船坞进行舰体维护。随后的几年，“瓦良格号”的改造工程有条不紊地进行，最终脱胎换骨成为我国首条航母“辽宁号”。[①] “辽宁号”的诞生史就说明中国的海上通道利益没有受到保护，中国不够强大，海上安全无从保障。虽然我们也有亚丁湾护航，包括杜特尔特还让中国的海军到苏禄海去进行联合护航，但当真正需要通过重要海峡的时候没有航道是中国控制的。“瓦良格号”曲折抵达中国的历程，记载了我国在通过海上通道时面临的重重压力和巨大阻碍，也是我国在建设海洋强国的历史征程中亟待突破的障碍。所以，南海这个地方我们寸土不让，老祖宗留下的财产一寸也不能丢。

2. 巴基斯坦瓜达尔港经营权

当我国认识到海上安全重要性的时候，我们也在寻找海外的依托。瓜达尔港直插印度洋，其北面有很多资源丰富的国家。中巴经济走廊建成后，巴基斯坦港务局于2015年将瓜达尔港2 000亩土地长期租赁给中方，用于建设瓜达尔港经济特区。2016年，巴基斯坦总理前往俾路支省主持了由中国投资的瓜达尔港开航仪式。这个中国投资建立的港口是中国提出的“一带一路”倡议的重要部分。我们获得了巴基斯坦瓜达尔港40多年的经营权，之后还可以续约。中国承租瓜达尔港，有效做到

① 《瓦良格号航母赴中国全过程》，http://mil.news.sina.com.cn/nz/walianggefuhua/，2017年8月9日访问。

“突出马六甲海峡重围”。中国的能源特别是石油，主要来自中东，而将石油从中东运到中国必须穿过马六甲海峡。目前世界石油运输的60%、中国石油进口的80%，都要经过马六甲海峡。也就是说，马六甲海峡直接扼住了中国经济发展的能源大动脉与咽喉。瓜达尔港的开航，其意义非同凡响。

3. 马六甲海峡“皇京港”承建权

马六甲海峡皇京港项目是一个大型的填海综合开发项目，属于马来西亚国家级二号工程，由三个人造岛和一个自然岛屿组成，占地1 366英亩。建成后，将超越新加坡港成为马六甲海峡水域最大的港口，而全部配套工程将于2025年竣工。中国还会被授予人造岛屿的土地所有权和99年的特许经营权，这是非常有利的条款。对中国海洋战略来说，作用不可估量。虽然马六甲海峡是美国重兵把守的地方，但是我们还是承建了它最大的港口。所以，中国海上丝绸之路要顺利地走下去，海上通道安全是基本保障。中国要吸取“瓦良格号”抵达中国的历程和历史的经验，一定要对外建设我们自己的海上通道。

当然，中国海外通道建设也面临一些国际规则的挑战和压力，首先突破岛链的时候要与很多国家打交道，马六甲海峡要和马来西亚打好交道，霍尔木兹海峡要和伊朗、土耳其这些国家打好交道。这都涉及法律规则的问题，而法律规则的形成面临重重障碍，要想办法突破这种障碍，首先要制定好规则。中国现在很注重规则，尤其是法律规则。中国法治国家、法治政府、法治社会的习惯从上到下，都在养成。但在国际事务中，真正懂国际法、熟练运用国际法的人不是很多。比如菲律宾南海仲裁案，说来就来。我们和日本存在的钓鱼岛争端，和韩国存在的苏岩礁争议，甚至和俄罗斯关于北极航道的利用都需要对国际法律规则的掌握和运用。因此，无论是岛链也好，还是海上通道也好，我们都会面临国际法的压力。当前，美国航母和军舰都在中国南海游弋，中国的海上安全形势不容乐观。国际法在海上通道利益保护方面的价值和作用目前还没有得到充分的认识。

第四节　中国关于海洋问题的立场

一、中国政府关于南海问题的立场

中国关于南海问题的立场：第一，中国在南海的主权范围：西沙、南沙、东沙、中沙群岛，我国享有着四个群岛的主权，对于断续线里面的内水，我国拥有完全的主权;我国也有自己的领海,领海也是有完全的管辖权的,但是在领海里面我国可以让别的国家无害通过。也就说,南海诸岛内水我国是有完全主权的,领海可以让别国无害通过,但是侵犯我国权益的,我国可以反击。所以,在南海诸岛我国有内水、领海和毗连区,我们在部分区域拥有完全的执法权。另外,对南海诸岛我国有专属经济区和大陆架,以领海基线为起算点可以算两百海里,所以在南海我国有三百万平方公里的海域面积。我国在南海拥有历史性权利。第二,二战后,我国对南海,尤其是南沙群岛、东沙群岛和西沙群岛恢复行使主权。历史上这个主权是我国的,二战时被别国占领,二战结束之后我国作为战胜国把主权收回来,把我们原有的东西要回来,不是别人给我们的,它本来就是我们的。第三,严格按照我国法律规定,如关于领海的声明、关于大陆架的声明等主张权利。第四,我国抵制对南海地区的侵权行为。南海争议要根据国际法通过谈判解决。我国主张双轨制,即通过国际法和谈判解决南海问题,这个解决方式也得到了南海周边国家的认可。南海问题是不允许美国、日本等国家插手的。第五,我国在主张南海主权范围的时候,没有侵犯别的国家的权利,我国是保障各个国家航行自由的,但是美国的航行自由和中国的航行自由是有差别的,美国认为的绝对航行自由是不可行的。

二、中国处理海洋问题的方式

中国是海洋法的维护者,是和平解决国际海洋争端的坚决拥护者,中国一贯坚持独立自主的和平外交政策,主张在遵守《联合国宪章》和国际上的宗旨和原则的基础上通过对话和谈判来解决双方存在的海洋争议问题,尊重各方自主选择和平解决海洋争端方式的权利。和平共处五项原则是解决我国与世界各国关系的准则。在海洋问题上,中国同样遵守和平共处五项原则,并以海洋法权思维应对相关问题。积极维护世界各国及我国周边国家和地区的海洋权利,保护海洋法权客体。倡导国际法律规则下的航行自由和飞越自由等海洋自由,为海洋法权的实现创造前提和保障。中国是海洋法权的忠实实践者,也是国际海洋新秩序的倡导者和拥护者。以国际海洋法律规则解决海洋争议可以避免以武力解决争议带来的灾难,可以避免以海洋霸权方式带来的地区紧张,我国与周边海洋邻国的岛屿主权、海域划界及其他海上争议,都在积极寻找通过外交谈判与法律的途径予以解决,避免发生不必要的冲突。

三、中国解决海洋问题的实践

通过外交谈判并运用海洋法律规范和平解决中越北部湾争议。中越之间以北部湾相隔，在南沙群岛和西沙群岛问题上，中越之间曾因岛礁、海域争议发生海战，虽然以中国胜利告终，但战争并没有解决两国海洋争端。中国还是依据事实和法律与越南就北部湾达成划界协议。在西沙和南沙问题上，20 世纪 60 年代以前，越南承认南沙和西沙的主权属于中国，越南外交部副部长雍文谦、外交部亚洲司代司长黎禄曾郑重表示："……西沙、南沙群岛早在宋朝就属于中国了。"[①]越南总理范文同照会我国周恩来总理，也表示越南政府承认和赞同 1958 年 9 月 4 日发表的《中华人民共和国政府关于领海的声明》。但是越南在统一前夕，却武力占领永乐群岛、南威岛等岛屿；1975 年，越南发布《越南社会主义共和国关于领海、毗连区、专属经济区和大陆架的声明》，特别提到西沙和南沙是越南的领土。1988 年海战后，中国从历史上的占有、国家继承、禁止反言等国际法的角度据理力争，通过大量的历史记载，从事实上论证中国对西沙和南沙诸岛屿的占有的合法性。对于越南从法国手中继承岛礁的问题，遵循"利比里亚与乍得领土边界案"中西班牙无权将不属于自己的领土割让给他国的国际法院判例，可以得出法国在殖民越南时送给越南的岛屿是无效的，正所谓"继承人无权主张被继承人没有的物品"。因此，对于中越海洋争议，中国坚持在外交谈判和法律框架内解决。2000 年 12 月 25 日，中越在北京签署《关于两国在北部湾领海、专属经济区和大陆架的划界协定》及《北部湾渔业合作协定》，并于 2004 年 6 月 30 日生效。[②] 最终，中越北部湾争议得以妥善解决。

---

① 吴远富：《越南总理范文同公函的法律效力不容否定》，《光明日报》，2014 年 6 月 14 日。

② 中华人民共和国外交部：《中越北部湾划界协定情况介绍》，http://infogate.fmprc.gov.cn/web/ziliao_674904/tytj_674911/tyfg_674913/t145558.shtml，2016 年 8 月 17 日访问。

第五章　构建人类命运共同体

进入新世纪以来，人类在全球范围内面临着日益严峻的贸易保护主义、气候变化以及国际恐怖主义等方面的挑战，要想解决这些问题，离不开世界各国的紧密合作。习近平总书记根据新的国际形势发展趋势以及国际社会面临的新情况和新问题，审时度势地提出“人类命运共同体”的创新理念，积极倡导国与国之间在互相尊重的基础上，继承和弘扬联合国宪章的宗旨和原则，构建以合作共赢为核心的新型国际关系，打造人类命运共同体。上海合作组织作为互信友好的国际合作组织，树立了高效合作的典范，推动周边国家命运共同体意识落地生根，为中国参与“全球治理”提供了更加丰富的经验，必将积极推动“中国梦”的实现。

问题

- 上海合作组织的世界历史意义是什么？
- 如何理解社会主义中国与构建人类命运共同体的关系？
- “共商共建共享”全球治理方案的特点与前景是什么？

第一节　上海合作组织：构建新型国家关系与新型国际组织的全球典范

上海合作组织自2001年诞生以来，经过近20年的发展，已经成为地区和国际合作的典范，并成功地探索出顺应时代发展潮流的新型国际组织模式，成长为最具生命力和影响力的国际合作机制之一，在很多方面成为地区和国际合作的典范。

一、上海合作组织树立了睦邻友好的典范

成员国签署了《长期睦邻友好合作条约》，将世代友好的理念以法律形式固定下

来。成员国坚持通过友好对话协商机制妥善处理分歧，政治互信和国际协作达到了很高水平。

十八大以来，我国的外交战略与过去相比更具主动性和责任担当。党中央在保持外交大政方针延续性和稳定性的基础上，积极统筹外交全局，突出周边在我国发展大局和外交全局中的重要地位，开展了一系列重大外交活动。我国周边外交的基本方针，就是坚持与邻为善、以邻为伴，坚持睦邻、安邻、富邻，突出体现亲、诚、惠、容的理念。①

上海合作组织经过近 20 年的发展，已经形成了自己的一整套运作模式，在当前我国重视周边外交的政策背景下，充分发挥好上海合作组织的作用显得尤为重要。当前和平与发展仍然是时代主题，我国提出了“命运共同体”“中国梦”等一系列新的战略构想，突出强调了我国与周边国家的友好合作关系。我国当前和周边一些国家存在领土争端，但是在上海合作组织的框架内，除了与刚刚加入的印度存在历史遗留的领土争端外，与其他国家并不存在领土争端，这为我国进一步开展与这些国家的合作交流创造了良好的条件，中国同这些国家的政治互信将会随着时间的推移而不断提升。习近平总书记提出：中国梦要实现国家富强、民族振兴、人民幸福，是和平、发展、合作、共赢的梦，要与包括美国梦在内的世界各国人民的美好梦想相通；要加强宣介，重点把中国梦同周边各国人民过上美好生活的愿望、同地区发展前景对接起来，让命运共同体意识在周边国家落地生根。② 这充分表明，中国是爱好和平的社会主义大国，是促进互利共赢的大国。我国这一外交战略，符合我国当前和长远的国家利益，能够促进我国同周边国家关系的稳定与和谐，从而集中精力发展社会主义市场经济，实现中华民族的伟大复兴。上海合作组织通过成员国之间的不断努力，已经在全世界范围内树立了睦邻友好的典范。

二、上海合作组织树立了高效合作的典范

近 20 年来，上海合作组织已经建立了行之有效的组织制度和机构，确定了安全与经济两个轮子同时推进的运作模式；严厉打击“三股势力”、毒品交易与有组织国际犯罪，举行了 10 多次多边与双边联合反恐演习，有效地应对了安全挑战，维护了地区的和平稳定。

---

① 中共中央文献研究室：《习近平关于总体国家安全观论述摘编》，北京：中央文献出版社，2018 年，第 261 页。

② 中共中央文献研究室：《习近平关于实现中华民族伟大复兴的中国梦论述摘编》，北京：中央文献出版社，2013 年，第 71 页。

1. 上海合作组织成员国密切开展经济合作，增强彼此的经济联系

经济合作方面，中国提出了“丝绸之路经济带”国际合作倡议，大力发展与中亚国家的经济联系。丝绸之路经济带，是在古丝绸之路概念基础之上的新的国际经济合作发展区域。2013年国家主席习近平在哈萨克斯坦演讲时提出，丝绸之路经济带是我国顶层国际经济合作倡议“一带一路”的重要组成部分，将进一步加强我国与沿线国家的经济联系，同时随着众多工程项目的开展，我国的国家影响力也会在这个过程中不断得到加强。上海合作组织机制在我国的国家发展规划中将发挥巨大作用，中亚国家以及俄罗斯拥有丰富的矿产资源、土地资源和旅游资源，我国可以在上海合作组织的框架内，结合自身的经济优势，加强与中亚国家以及俄罗斯的经济贸易往来，以实现优势互补，同时借助亚洲基础设施投资银行的平台，实现互利共赢和共同繁荣。

2. 上海合作组织成员国之间密切合作，共同打击地区恐怖主义、分裂主义、极端主义

国家安全以及地区安全方面，上海合作组织各国之间也展开了密切的合作。20世纪90年代初，苏联局势急剧动荡，不久便宣布解体，苏联的解体使已经形成了几十年并且长期稳定的两极格局就此瓦解。现代意义上的恐怖主义产生于20世纪60年代，这也和当时世界上各民族争取民族独立、摆脱殖民统治的潮流有一定的关系，所以在当时的国际社会上并没有引起高度重视。到苏联入侵阿富汗战争的后期，其实也是苏联国内开始动荡的时期，沙特富商拉登在阿富汗设立恐怖组织“基地”，国际恐怖主义势力开始蔓延。自从苏军撤离阿富汗以及苏联解体后，阿富汗地区成为“权力真空”地带，“基地”组织开始将目标转向打击美国和一些伊斯兰国家。21世纪以来，国际恐怖主义威胁有增无减，世界各主要国家都发生过恐怖袭击事件，曾经的“基地”组织伊拉克分支甚至趁美军撤出伊拉克和叙利亚内战期间建立并发展壮大所谓的“伊斯兰国”。

当前，国际恐怖主义有向中亚地区加速渗透的趋势，巴基斯坦国内也存在极端恐怖组织。2016年5月至6月，塔吉克斯坦和哈萨克斯坦相继遭遇恐怖袭击，中国和俄罗斯两个世界大国近年来也面临恐怖主义的威胁。上海合作组织在成立当天，各成员国就具有前瞻性地签署了《打击恐怖主义、分裂主义和极端主义上海公约》，在国际上首次对恐怖主义、分裂主义和极端主义“三股势力”作了明确界定，并提出了成员国合作打击的具体方向、方式及原则。很显然，上海合作组织的成立，能够充分加强成员国间的合作交流与协作，共同应对地区安全问题挑战。

在成员国之间的友好关系上，上海合作组织也发挥了重要的作用，促进地区安全合作的顺利开展。苏联解体后，中亚地区一度成为“权力真空”地带，虽然俄罗斯和苏联的加盟共和国成立了“独立国家联合体”，但实际上俄罗斯长期存在经济问题，其地缘政治影响力与苏联相比不可同日而语。中亚是中国周边一块相对独立的战略区域，是使中国后方稳定的重要地区，只有中亚地区稳定了才能最大限度地维护中国的战略利益。[①] 中国经过40年的改革开放，不管是经济实力还是军事实力都快速提升，中国和俄罗斯合作可以迅速地弥补中亚地带的“权力真空”，可以有效防止西方国家的干扰渗透。上海合作组织的成立，可以使得成员国增强政治和军事互信，能够增强彼此之间的友好关系，其中，作为当前“世界棋局”的主要棋手，中俄之间的友好合作，对地区安全起到了巨大的不可替代的作用。中俄两国分别作为世界第一人口大国和世界上陆地领土面积最大的国家，两国都具备应对国际挑战的能力，而且中俄实现政治互信，可以消除彼此之间的不信任，缓解彼此的地缘政治压力，集中精力共同应对地区挑战。从目前来看，上海合作组织成员国面临的恐怖威胁较之世界其他地区相对较少，这和成员国在上海合作组织框架内长期共同打击恐怖主义的努力与合作密切相关。

另外，当前中亚五国以及中国也还都面临宗教极端势力和民族分裂势力的威胁。苏联解体后，原来的主导思想体系和组织体系迅速瓦解，中亚五国出现“思想文化真空”，这为伊斯兰势力在中亚的复兴提供了一个千载难逢的历史机遇，信仰伊斯兰教的人数急剧增长，在这个背景下，宗教极端势力趁机做大，宣传所谓的“圣战”，宗教问题逐步演变成严重的社会政治问题。中国由于地理因素，也在一定程度上受到了这些国家的影响，国外某些分裂势力企图借中国内部潜在的一些民族矛盾，制造民族分裂活动，破坏民族团结。上海合作组织为我国同中亚五国建立共同的合作机制打下了牢靠的基础，中国以及中亚五国在打击宗教极端势力以及民族分裂势力上面，有很大的合作空间。上海合作组织自成立以来，便对这些问题给予了高度关注。近些年来，成员国间不断加强合作，中国也做出了很多实质性的工作。由中国国家主席习近平倡议设立的“中国—上海合作组织国际司法交流合作培训基地”为此专门设立了“反恐怖主义研究中心”和“族群与宗教问题研究中心”，研究“三股势力”的产生、发展趋势以及国家的应对之策，一定程度上为促进成员国之间的相关高效合作作出贡献。

---

① 贾俐贞：《构建上海合作组织自由贸易区的战略思考》，《俄罗斯中亚东欧研究》，2007年第1期。

3. 上海合作组织加强了彼此之间在传统安全领域的合作，有效维护地区和平与安全

传统安全合作方面，上海合作组织自成立以来，成员国之间已经进行了十余次“和平使命”军事演习，成员国之间的军事合作已经形成了有效的合作机制，上海合作组织成员国之间形成了新型安全合作模式，军事互信为成员国间的传统安全合作打下了基础，成员国之间的军事互信和传统安全合作对于地区的和平与稳定至关重要。上海合作组织成员国在政治、军事和安全领域的合作为开展区域经济合作提供了良好的政治安全保障。[①]

当前的国际形势错综复杂，亚洲、非洲、南美洲部分地区长期处于战乱之中，美国以及一些欧洲国家也时常面临恐怖主义的威胁，近几年欧洲难民危机以及英国脱欧，更是给世界的未来走向增添了很多不确定性。在这样的背景下，中亚地区的和平与稳定对于整个世界来说至关重要，上海合作组织成立的宗旨便是互信、互利、平等、协商、尊重多样文明和谋求共同发展，成员国间的传统安全合作，充分体现了成员国维护地区安全以及世界和平的愿望与决心。

三、上海合作组织树立了开放共赢的典范

上海合作组织恪守不结盟、不对抗、不针对第三方和非意识形态化等重要原则，保持开放、透明和包容的运行，“朋友圈”不断扩大。

上海合作组织，其宗旨是加强成员国之间的友好合作、维护地区和平与安全、促进成员国之间的睦邻友好。从其宗旨可以看出，上海合作组织是建立在友好合作的基础之上的，与“北约”“华约”等带有军事政治同盟色彩的组织明显不同。上海合作组织成员国之间的关系，是睦邻友好的合作关系，是维护地区和平与安全的合作关系，上海合作组织成员国坚持“不结盟、不对抗”的方针，这一点在上海合作组织成立之初便明确宣示。上海合作组织不同于冷战时期苏联控制下的苏联、东欧社会主义国家组成的联盟，那种联盟是建立在意识形态基础之上的联盟，强调对抗性而非求同存异。上海合作组织成员国中，中国是社会主义国家，其他国家与中国国体不同，但是这并不影响彼此之间积极开展合作交流，开展经济、地区安全等方面的友好合作。上海合作组织强调非意识形态化，这样有利于避免意识形态领域的冲突，使得

---

① 商务部欧洲司和国际贸易经济合作研究院联合课题组：《上海合作组织区域经济合作研究》，《俄罗斯中亚东欧研究》，2004 年第 1 期。

各成员国之间能够形成“互相信任、合作共赢”的新型国家关系，同时这也是上海合作组织成员国互相尊重的表现，体现了上海合作组织成员国之间的政治包容、经济互助、文化包容和宗教信仰包容，保持了上海合作组织开放、透明和包容的运行机制。中国倡导的国家平等和政治互信为基础的包容理念，推动上海合作组织国家之间分享不同的文明经验和成果。①

上海合作组织成员国在坚持互相尊重的基础上，积极进行相关重大国际问题的沟通与协调，并且定期会晤交换意见。上海合作组织成员国在一些具体的国际问题方面一致发声和展开友好合作。比如在对待叙利亚内战问题上面，上海合作组织成员国通过诸如上海合作组织峰会等外交场合共同发声，主张尊重叙利亚主权以及通过政治对话的方式和平解决叙利亚问题。上海合作组织成员国在上海合作组织框架内积极倡导维护世界和平，促进共同发展，在一些重要的国际问题上面，为世界和平发声，为维护世界和平贡献了自己的力量。上海合作组织的每次共同发声，都是成员国对世界和平愿望的表达，同时保持理性和客观的态度，坚持不针对任何第三方的原则。同时由于上海合作组织的客观理性，经常为世界上仍然处于战乱的国家和地区发声，代表了国际社会上的正义声音，上海合作组织坚持和平、合作、共赢的做法，为上海合作组织赢得了朋友和尊重。

目前，上海合作组织的规模不断扩大，巴基斯坦和印度也正式成为上海合作组织成员国，另外伊朗和蒙古也已经于 2014 年成为上海合作组织的观察员国。上海合作组织成员国尤其是中国始终坚持和平发展的理念，通过上海合作组织平台，必将吸引更多的国家进入到上海合作组织中来，为世界和平贡献自己的力量。

四、上海合作组织始终倡导践行“上海精神”

互信、互利、平等、协商、尊重多样文明和谋求共同发展是“上海精神”的内涵。“上海精神”不仅已经成为指导上海合作组织的根本理念，也将是引领上海合作组织未来发展的重要源泉。我们完全有理由相信，在“上海精神”引领下，随着成员国力量不断发展壮大，上海合作组织一定会迎来更加光明的未来。

上海合作组织突出强调“上海精神”，是有其历史原因以及时代背景的，邓小平

① 李海龙：《论“命运共同体”理念及其中国实践》，《长江师范学院学报》，2014 年第 5 期。

同志关于和平与发展是时代主题这一基本判断依然具有强大的生命力。两次世界大战，给全世界带来了深重的灾难。第二次世界大战以来，虽然中间经历了美苏争霸下的古巴危机、中苏珍宝岛战争等事件，但是各主要国家最终还是保持了相当程度的克制，防止出现一发不可收拾的局面。经过了两次世界大战，世界各国都普遍感受到和平的来之不易，努力避免新的世界大战的发生，世界整体处于相对和平的状态。上海合作组织成立时，苏联已经解体多年，世界逐步形成“一超多强”的局面，新的世界大战的危险较中国实行改革开放初期而言发生的可能性更低，和平作为时代的主旋律深入人心。

另一方面，发展是世界的主题也是上海合作组织成立时的重要背景。第二次世界大战以后，世界普遍处于恢复发展之中，这期间经历了欧洲重建、日本经济恢复、中国社会主义建设和改革开放等，世界各国普遍致力于发展自身的经济。苏联解体后，这个趋势更加明显，全球范围内的意识形态斗争较苏联时期大大缓解。中国的社会主义市场经济改革开放，努力发展国家经济，改善人民生活水平，提高国家的综合国际竞争力。中国作为世界上人口最多的国家，有着其他国家所不具备的优势，中国市场的开放极大促进了世界经济整体的发展与繁荣。在这个过程中，世界各国建立了普遍的联系，1995 年世界贸易组织的成立无疑证明了这一点。另外，全球战后实现了科技的巨大飞跃，20 世纪 90 年代以后随着互联网的普及，新科技革命引起的经济全球化发展，世界各国的生产、流通和投资等行为的联通使世界日益成为一个联系的整体。各国相比于以往，经济互相依存度不断加深，各国普遍重视自身经济建设和综合实力的提升，发展这一世界主题反而在一定程度上因两极格局的瓦解而有所强化。

在世界和平与发展两大主题下，上海合作组织无疑顺应了时代发展的潮流，在“上海精神”的指引下，各成员国之间不断增进彼此的政治军事互信，促进地区稳定和安全，为各成员国赢得发展的空间和时间，促进经济发展和共同繁荣，取得了骄人的成绩：各成员国的经济发展整体水平有所提升，俄罗斯和中国以及新加入的印度甚至成为世界经济发展的新兴贡献国家，成为世界瞩目的“新兴经济体”。随着上海合作组织成员国数量的不断增加，上海合作组织的地区影响力以及国际影响力必然会不断增强，随着各成员国之间的紧密合作以及在“上海精神”指引下的不断发展，上海合作组织必将会给各成员国带来一个“和谐、稳定、安全”的经济发展环境，实现上海合作组织框架内各成员国共同繁荣的美好未来。

第二节　为世界许诺一个更好的未来：构建人类命运共同体

今天的每一秒钟，都是马克思所说“世界历史”中的全球性时刻。一个崭新的世界，倒逼着全球治理的升级，呼唤着世界观念的转变。

一、倡导人类命运共同体意识，增进人类共同利益

1. 人类命运共同体提出的背景

当今世界，是一个科学技术迅速发展的世界，是一个人类命运紧密相连的世界。我们所生活的世界，已逐渐形成“牵一发而动全身”的立体网状结构，联动效应无处不在，“蝴蝶效应”时有呈现，一荣俱荣、一损俱损已成为对现实的真实写照。[①] 经济全球化以及互联网科技的发展，使我们每一个人都生活在“地球村”之中，国与国之间更是如此。相对于以往而言，进入新世纪以来，随着国家与国家间经济联系的逐步增强，国家与国家之间在很大程度上不再需要像以前一样，为了增强地缘政治影响力而采取战争的极端方式。这个世界再也不是冷战时期的两极世界，但也不是单极世界。[②] 随着经济全球化、世界网络信息化以及新的科技革命的不断发展，国家与国家之间竞争与合作并存的关系将会日益明显。放眼全球，世界很多地区仍然处于战乱之中，国家与国家之间也存在很多的矛盾，甚至存在一定程度上的冲突。在这样的矛盾与冲突之中，各国普遍意识到，要不断增强彼此之间的合作，管控分歧，这样才能够避免冲突和矛盾升级，这就为国家之间的合作提供了可能。

经济层面，当前世界经济整体仍然低迷，美国总统特朗普上台以后，以“美国优先”为名行排他与贸易保护主义之实的政策，反全球化的苗头显露无遗；另外，在全球范围内，民粹主义和国际恐怖主义仍然威胁许多国家，需要全人类共同应对；气候问题和能源问题等全球性问题，也威胁着人类未来的发展进程。在这些背景下，中国倡导的“人类命运共同体”的概念，主张世界各国之间加强合作和实现共同发展，

---

① 于洪君：《树立人类命运共同体意识　推动中国与世界良性互动》，《当代世界论坛·2013 当代世界多边对话会》，2013 年 12 月。

② 克罗地亚前总统斯捷潘·梅西奇：《中国和平发展与世界新秩序》，《当代世界论坛·2013 当代世界多边对话会》，2013 年 12 月。

充分发挥好经济全球化所带来的便利，消除经济全球化产生的消极影响，增强人类命运共同体意识，维护人类共同利益，反映了世界各国的共同愿望。

宗教文化层面，目前全世界很多地区发生冲突甚至爆发战争的一个重要原因就是宗教文化的差异。以叙利亚为例，叙利亚已经进行了多年的内战，其中一个重要原因就是叙利亚国内伊斯兰逊尼派与什叶派之间的长期争斗，当然不仅是叙利亚，其他很多信仰伊斯兰教的国家也存在这样的问题。另外，在很多国家，由于民族文化和生活习惯的差异，分裂主义势力也迅速发展。这些问题，已经成为全球普遍存在的问题，当前国际恐怖主义势力如此猖獗的原因之一便是有人利用其他人的宗教信仰发动恐怖行动。单单靠某个国家或者某一些国家是不可能解决这些问题的，必须要世界各国增进相互之间的合作，共同应对，努力发展经济并提升人民的生活水平，这样才能更好地解决问题。人类命运共同体，突出强调不同文明、不同民族和不同文化之间的沟通交流，维护全人类的共同利益。

2. 人类命运共同体的内涵

当今世界，冷战思维和结盟对抗已不符合时代要求，世界各国必须摒弃零和博弈思维，以合作共赢的理念来构建人类命运共同体。[①] 习近平主席在阐述人类命运共同体理念时，明确指出“当今世界，各国相互依存、休戚与共。我们要继承和弘扬联合国宪章的宗旨和原则，构建以合作共赢为核心的新型国际关系，打造人类命运共同体”。[②] 这表明，人类命运共同体突出强调世界各国的相互依存和紧密联系，只有逐步建立合作共赢的普遍国际合作关系，才能够逐步推动人类命运共同体的实现。习近平总书记强调：“我们要建立平等相待、互商互谅的伙伴关系。要营造公道正义、共建共享的安全格局。要谋求开放创新、包容互惠的发展前景。要促进和而不同、兼收并蓄的文明交流。”[③]这表达出中国希望与世界各国一起，互相尊重、平等相待，促进不同文明之间友好交流的美好愿望。

3. 人类命运共同体与人类共同利益

人类命运共同体符合全人类共同利益。当前我们所处的时代，与以往任何时代都有所不同，在人类漫长的岁月里，发生了太多的战争，国家间普遍处于对抗状态。当前人类进入新的发展阶段，而且是关键阶段，生态环境问题和全球气候问题等一

① 王欣、高庆涛：《关于人类命运共同体理论探微》，《思想理论教育导刊》，2016 年第 9 期。

② 习近平：《携手构建合作共赢新伙伴　同心打造人类命运共同体》，2015 年 9 月 28 日第七十届联合国大会一般性辩论时的重要讲话。

③ 习近平：《携手构建合作共赢新伙伴　同心打造人类命运共同体》，2015 年 9 月 28 日第七十届联合国大会一般性辩论时的重要讲话。

系列问题威胁着人类的未来，长期的人类活动，已经严重破坏了自然环境，大自然开始了一系列对于人类的“报复”行动。当前，没有任何一种物种可以消灭人类，能够消灭人类的只有人类本身：人类的科技越发达，似乎人类面临的挑战反而更大。所以目前全人类必须结成一个命运共同体，通过各国之间的合作解决全球性的问题，这将最终使全人类受益，并实现新的发展和飞跃。

二、从国与国的命运共同体、区域内命运共同体，到人类命运共同体

“世上有两种力量：利剑和思想；从长而论，利剑总是败在思想手下。”这是拿破仑的一句名言。构建人类命运共同体理念，正是可以胜过利剑的思想。人类命运共同体，体现了以合作共赢为核心的新型国际关系的本质。人类命运共同体，蕴含正确的义利观，交融于实现中华民族伟大复兴的中国梦。构建人类命运共同体，正是为了找到利益支点，以共同发展让更多人共享美好未来。

人类命运共同体，首先是国家与国家之间的命运共同体。当今世界，国家与国家之间，通过经济全球化，逐步实现了经济上的紧密联系。不同制度、不同类型和不同发展阶段的国家相互依存、利益交融，形成“你中有我、我中有你”的命运共同体。[①]

以中国为例，中国目前为世界上第二大经济体，中国和世界上主要国家都存在经济联系，与中国进行经济贸易合作的国家遍及世界五大洲。可以说，国家与国家间已经逐步实现了命运共同体，任何国家的发展都离不开与其他国家进行合作，在一些例如气候变暖、能源粮食危机等全球性问题上面，国家与国家之间必须要互相依存，紧密合作，这样才能促进问题的解决，这些问题如果解决不好，任何国家都不可能独善其身。再比如说在打击国际恐怖主义方面，也离不开世界各国的通力合作，如果世界各国没有形成通力合作的关系，那么打击恐怖组织的愿望只能化为泡影，给恐怖组织提供喘息的时间和空间，国际恐怖主义泛滥的问题根本不可能得到有效解决。

人类命运共同体，其次是区域内的命运共同体。第二次世界大战以后，世界范围内涌现出很多国际组织，其中有很多区域性国际组织。一定区域内的国家间的合作成为世界发展的一股潮流。目前放眼全球，区域合作也是全球合作的一个重要组

---

① 国务院新闻办公室：《中国的和平发展》，《人民日报》，2011年9月7日。

成部分。以上海合作组织为例，上海合作组织的成立，使得成员国之间形成了一个命运共同体。上海合作组织成员国在上海合作组织框架内，展开了经济、政治和军事的紧密合作。在打击区域内恐怖主义、极端主义和分裂主义方面，形成了命运共同体，任何成员国如果不能够处理好本国境内的恐怖主义、极端主义以及分裂主义问题便很有可能使这些威胁向其他成员国扩散。其他区域性国际组织也大体相同，欧盟早已形成经济政治实体，东盟等也通过区域合作的方式实现了经济上的紧密关联，当今世界早已形成了很多区域内的命运共同体。

一个个区域内命运共同体以及不同区域之间的合作，使人类命运共同体正逐步形成。加快推进区域发展一体化，是中国打造人类命运共同体的首要之举，这是由亚洲的特殊域情决定的。[①] 事实上我国从很早开始就在谋求与区域内其他国家的合作与发展。以上海合作组织为例，上海合作组织奉行对外开放的原则，致力于同其他国家和国际组织开展各种形式的对话、交流与合作。上海合作组织已与联合国、东南亚国家联盟、独立国家联合体和阿富汗建立了正式联系。中国积极发展同世界其他国家和其他国际组织之间的联系。中国和东盟之间的经济联系日益紧密，中国同欧盟和非盟等国际组织之间的合作关系也在不断加强，随着时间的推进，时代潮流的引领，人类命运共同体正在一步一步实现。人类命运共同体正在经历从国家与国家之间的命运共同体到区域内命运共同体再到人类命运共同体转变的过程。

第三节 全球治理的中国版本：共商共建共享

一、全球治理发展与中国参与推进

“全球治理”的观念可追溯到 1972 年罗马俱乐部的《增长的极限》报告。20 世纪 90 年代初，“全球治理”观念形成了初步理论和实践框架。此后，全球治理发生了三大变化：一是从西方“治理”到西方朝着共同参与和共同治理方向发展；二是从传统领域朝着非传统领域和新领域发展。当前的全球治理不仅覆盖政治、经济和安全领域，还包括气候变化、网络、外空、深海和极地等新公域；三是制度性安排和规制权之争成为首要问题。2009 年，中国政府公开肯定全球经济治理的积极意义。在党的十八大后，中国政府更加重视“全球治理”。

① 李爱敏：《以构建“人类命运共同体”为目标的中国外交顶层设计》，《克拉玛依学刊》，2016 年 11 月第 6 卷第 6 期。

1. 从西方"治理"非西方朝着共同参与和共同治理方向发展

"全球治理"从实践角度来看，是符合经济全球化整体趋势的，其总体核心是强调全人类一起应对全球性的问题，具体包括国际政治、经济、生态和气候等诸多方面。"全球治理"主体主要由以下三部分组成：首先"全球治理"离不开国家与国家之间的合作，国家当然是"全球治理"主体之一。其次，各种政府间国际组织也是"全球治理"的主体之一，随着各国经济联系和区域合作甚至全球合作的不断发展，各类政府间国际组织在国际交流合作中扮演了越来越重要的角色。另外，非政府间国际组织以及公民、法人也是"全球治理"主体之一，随着科技的不断发展进步，尤其是互联网技术以及电子通信的长足进步，人与人之间、人与公司之间、人与非政府间国际组织之间、公司与非政府间国际组织之间，都逐步形成了普遍联系，他们共同构成了"全球治理"的行为主体。全球治理是各种各样的个人、团体处理其共同事务的总和。它是一个持续的过程，通过这一过程，各种相互冲突和不同的利益可望得到调和，并采取合作行动。[①] 总体上来说，三类行为主体之间对于"全球治理"活动是有层次划分的，很明显国家与政府间国际组织对于"全球治理"的影响比较大，而政府间国际组织对于"全球治理"影响力的大小，还是最终取决于其成员国的整体实力以及国际影响力。国家中心主义范式强调主权国家仍然是全球治理的核心主体，有效应对全球问题也仍然依赖于主权国家之间的合作。[②]

20 世纪 90 年代，世界上两大超级大国之一的苏联突然宣布解体，而解体后继承苏联主体的俄罗斯，也面临很多国内问题，综合实力大幅下降；当时中国改革开放才 10 多年，综合国力尚不足以承担全球治理的重任。可以说，整个 20 世纪 90 年代至 21 世纪头 10 年这个时间段，以美国为首的"七国集团"（后来俄罗斯加入改称"八国集团"）在一定程度上扮演起"全球治理"的主要角色，出现了西方"治理"非西方的情况。随着中国改革开放的不断深入，2010 年中国经济总量超越日本位居全球第二，2016 年最新数据表明，中国经济总量已经超过日本一倍，和美国的差距也在逐步缩小。另外，随着国际经济贸易合作的不断推进，亚洲、非洲和南美洲都出现了拉动世界经济发展的"新兴经济体"，西方"治理"非西方的情况有所改变，随着中国积极倡导"新型大国关系"，目前"全球治理"正由原先的西方"治理"非西方向着共同参与和共同治理方向发展。

---

① 联合国全球治理委员会编：《我们的全球伙伴关系》，牛津大学出版社，1995 年，第 2 页。

② 石晨霞：《全球治理机制的发展与中国的参与》，《太平洋学报》，2014 年 1 月第 22 卷第 1 期。

2. 从传统领域朝着非传统领域和新领域发展

"全球治理"范围日益广泛,涉及主体数量规模不断扩大。随着经济全球化以及世界政治格局多极化的不断推进,当前国家与国家之间也早已经不再像以前那样,局限于传统领域的竞争与合作。当前全球涌现出很多来自非传统领域方面的问题,气候问题和能源问题等已将传统领域突破。传统的"全球治理"方式,是通过经济和政治等手段进行的,比如美国于二战后主导确立的"布雷顿森林体系"即通过确立美元与黄金直接挂钩的经济手段,进行西方国家的"全球治理";苏联则是更多通过政治军事手段,与美国竞争,进行苏联社会主义国家阵营的"全球治理",这一情况随着苏联解体和东欧剧变发生了巨大改变。

苏联解体以后,原先阿富汗境内抗击苏联的一支队伍逐步改变了自己的目标,后来竟成为国际著名恐怖组织"基地";苏联传统"势力范围"随着苏联的解体而陷入了"权力真空"状态,这无疑为恐怖主义和极端主义等的滋生营造出"生长"的土壤。另外,随着网络技术的不断发展,网络安全领域作为一种全新的治理领域也展现在人们面前。所以当前的"全球治理"已经突破了原先"全球治理"的传统领域,增加了气候变化、网络、外空、深海和极地等新公域,这些以前都是"全球治理"的空白领域,随着人类对外空、深海、极地探测技术的重视与发展,"全球治理"朝着这些领域发展是必然趋势。

3. 制度性安排和规制权之争成为首要问题

当今世界主要的国家都在尝试进行制度性的框架设计并制定自己的经济和政治规则,以对经济和政治行为进行规制。美国新任总统特朗普上台以前,美国一直尝试推动跨太平洋伙伴关系协定,企图借跨太平洋伙伴关系协定将中国从经济层面孤立出去,扩大自己的经济影响力,中国作为发展中的社会主义大国,也采取了许多措施坚定维护自身的国家利益和主权,其中一项重要的决策便是倡议成立亚洲基础设施投资银行,美国新任总统特朗普上台以后,退出了跨太平洋伙伴关系协定,中国继续大力进行"一带一路"国际经济合作倡议的建设,总的来说,世界各主要大国之间,普遍存在制度性安排和规制权的竞争关系,目前已成为"全球治理"面临的首要问题。

4. 中国参与推进

中华人民共和国成立初期,美国和苏联是世界上仅有的两个超级大国,分别组织了两大阵营进行对抗;南斯拉夫、埃及、印度又率先倡议组织了"不结盟运动",代表了第三世界的普遍声音。中国自和苏联关系恶化以后,参与国际事务方面一度遭到排挤，参与"全球治理"程度有限。恢复联合国合法席位以后，中国的国际地位不断提升，逐渐适应了相关国际机制。改革开放以来，中国积极参与相关国际会议以及国际行动，参与"全球治理"的程度不断加深。新世纪以来，随着全球问题的不断增多以及中国综合国力的不断增长，中国采取了更为积极主动的方式参与"全球治理"，取得了更多国际话语权以及国际规则制定权。

中国一开始参与"全球治理"，采取谨慎稳妥的步骤进行相关的活动，这有其时代原因。中国长期将主要精力放在国内治理方面，过度关注传统安全以及主权问题，参与"全球治理"初期很难意识到非传统领域的重大影响，另外中国当时的综合国力也远远没有达到完全对跨国主义和全球主义放下防备的程度，所以中国采取了谨慎稳妥的态度参与其中。随着中国经济水平的不断提升，中国对外开放程度不断加深，中国正从原来谨慎稳妥态度向着积极主动开放务实方面转变，这有利于中国国家地位以及国际影响力的提升。冷战结束后，国际格局出现多极化趋势并逐渐加强，以中国为代表的发展中国家的国家实力也逐渐增强；要求在国际合作中，尤其是在与发达国家的合作中形成一种能够实现互利共赢的平等的伙伴关系。[①] 中国向着积极主动开放务实方向的态度转变，使得中国正从一个一般的参加者向着引领者方向转变，这表明中国是一个负责任的大国，积极承担世界发展需要承担的责任。美国新任总统特朗普上台以后，逐步采取"美国优先"的对外政策，反全球化趋势明显，这说明美国正倾向于采取一种极度保守的对外政策。中国与美国不同，中国积极对外开展"全球治理"活动，更是提出了"人类命运共同体""新型大国关系""一带一路"倡议等，带动世界整体向前发展，中国参与"全球治理"方式更加多样、形式更加灵活，将会更好地促进"全球治理"规范化和合理化，使得"全球治理"变得更加公平公正合理。

二、以中国智慧推进共商共建共享

"共商"就是中国同国际社会对全球治理的基本原则、重点领域、组织机制、发展方向等的共同认识、辨析、判断。"共建"就是中国同国际社会在全球治理方面的共同建设和创新。"共享"就是通过制度性重新安排而使全球治理更加公正合理。中国和所有国家都要以实力和智慧双管齐下，在经济中高端的规制权、政治安全的决

① 丁菱：《全球治理理论失灵与全球共商共建共享治理新理念的提出》，《中国冶金教育》，2015 年第 6 期。

策权、思想文化的话语权方面，增加代表性、提高公正性和推进民主化。

当前的国际制度体系里面，仍然存在很多不公正和不合理的地方，要想推动公正合理的国际秩序的建立，必须要树立“共商、共建、共享”的理念。中国长期以来形成的中华文化，是具有广泛包容性特征的文化，强调“以和为贵”，强调不同文明和不同文化之间的和谐共处。当前全球范围内面临的诸多难题，仅仅依靠某个或者某几个国家，已经不可能彻底解决。另外这些全球性的问题也将影响所有国家，比如说全球气候变暖的问题，每个国家都不可能置身事外。所以当前的“全球治理”，要特别强调国家与国家之间的和谐相处，否则，那些有利于世界朝着美好未来方向发展的“全球治理”不可能形成。

习近平总书记提出的“新型大国关系”以及“人类命运共同体”思想，体现出中国参与“全球治理”的整体思路和理念，那就是不断加强与其他国家和谐友好关系的发展，共同参与“全球治理”相关工作。首先，中国强调不同国家之间的“共商”，那便是在互相尊重的基础之上，听取大多数国家的心声，反映大多数国家的意愿和利益。长期以来，“全球治理”的主动权掌握在以美国为首的西方国家手中，它们在参与“全球治理”的同时，会很自然地突出维护它们的共同利益，一些发展中国家的利益被牺牲，得不到很好的维护。几个世纪以来，国际关系一直存在等级化的特征，少数实力比较强的国家几乎垄断了“全球治理”，一些弱国和发展中国家几乎在国际上没有任何发言权。发展中国家及一些与西方主流国家发展路径不同的国家代表性和发言权严重不足，甚至成为利益受损方。①

中国的崛起进程与西方国家不同，中国是属于和平崛起，而不是靠牺牲其他国家的利益来实现自己的强大，另外中华文化也强调和谐，这也与西方文化很不相同。在中华文化的影响下，中国传统的秩序观更多地表现出一种稳定与和谐的特征。② 中国的崛起为“全球治理”朝着和谐互利方向发展提供了新的可能。通过“共商”，可以充分考虑和维护大多数国家的愿望和利益。在“共商”的基础上以中国智慧引领国际社会实现“全球治理”的“共建”。很明显，“全球治理”离不开国际社会的共同建设和创新，全球性的国际问题，需要国际社会的紧密合作，才有可能最终解决这些全球性问题。中国智慧强调“共建”，也是中国参与“全球治理”主动性的体现，可以推动打破旧的不合理的国际旧秩序。“共建”的创设，可以让大多数国家充分发挥自身的优势和长处，弥补自身的不足，将会推动“全球治理”更加科学化、合理化、

① 丁菱：《全球治理理论失灵与全球共商共建共享治理新理念的提出》，《中国冶金教育》，2015 年第 6 期。

② 高奇琦：《全球共治：中西方世界秩序观的差异及其调和》，《世界经济与政治》，2015 年第 4 期。

公正化。在“共商”和“共建”基础上,“全球治理”必将实现“共享”。随着经济全球化的不断发展,大多数国家早已经形成了难以区分的利益共同体,正因为如此,各国在参与“全球治理”过程中,更应该共享世界发展带来的丰富成果,共同迎接风险和挑战。另外,“共享”的实现,也将会进一步推动国际秩序走向公平公正。中国智慧推动“共商、共建、共享”,将会在“全球治理”中扮演重要角色。

三、中国智慧对全球治理的贡献

一是中国倡议的智慧。中国近年来提出的全球治理重大倡议,体现了中国在战争与和平、发展与共赢、局部与全局、眼前与长远等方面的整体辩证思维和近远兼顾思想。二是中国故事的智慧。在经济全球化和信息化的扁平时代,人们更加强调看得见摸得着的实例,而中国智慧在全球治理的成功故事确实不少。三是中国愿景的智慧。中国在提出世界发展和全球治理愿景时,要有足够的智慧和远见,提出国际社会能够共同努力争取的目标。

1. 中国智慧丰富了“全球治理”的理念

中国自古以来就是爱好和平的国家,中华人民共和国成立以来,也始终坚持与其他国家的和谐友好相处,提出了和平共处五项原则。随着中国整体综合国力的不断提升,中国参与国际事务的程度不断加深,在“全球治理”领域,中国参与的力度不断增强,中国在处理国际事务时也获得了更多的发言权。作为一个对世界有重大影响的大国,中国参与“全球治理”的理念必然会影响到整个“全球治理”中去。二战后,逐步形成了美国和苏联两极争霸的格局,事实上,美国和苏联的对抗和前几个世纪强国争霸政治在本质上没有区别,美国和苏联其实还是通过原先比较传统的手段进行“全球治理”,美国和苏联的“全球治理”理念较之历史上的霸权体系并没有发生太大的变化,只不过双方阵营的划分主要依据意识形态而来,本质上的理念仍然是“国强必霸”的思维。

苏联解体、冷战结束以来,一开始“全球治理”话语权主要是由欧美国家掌控,他们在制定国际规则的时候,仍然从自身的角度出发,不惜牺牲其他国家的国家利益,总体而言旧的“全球治理”理念还是没有发生改变。几次经济危机,使得西方欧美国家受到了一定程度上的打击,中国等新兴国家开始崛起。中国实行和平的发展政策,坚持“不结盟、不称霸”,始终将主要精力放在经济发展上面,目前中国的经济总量已经位居世界第二位,“全球治理”已经离不开中国的参与。中国充分发挥了自身的智慧，提出了与以往完全不同的发展思路。事实证明，坚持和平发展的政策，也可以在经济领域取得巨大成功，实现国家综合国力的飞速提升。中国坚持多边主义，不搞单边主义；奉行双赢、多赢、共赢的新理念，扔掉我赢你输、赢者通吃的旧思维。① 中国在参与“全球治理”的过程中，传播了这一发展理念，强调国家之间的互利共赢和合作发展，提出“新型大国关系”“人类命运共同体”等一系列先进的理念，大大丰富了“全球治理”的理论内涵，丰富了“全球治理”的实施理念。

2. 中国智慧丰富了“全球治理”的实践

中国也是“全球治理”的积极实践者。随着世界现代化进程的不断深入，人们逐渐发现，西方现代化模式已陷入困境。处于追赶阶段的发展中国家简单套用西方现代化模式后鲜有成功的案例。实践证明，中国为破解西方传统现代化困境提供了“中国方案”，实现了对西方现代化道路的成功超越，拓展了当今世界认识和推进现代化的新境界。② 当今世界，已经发生了翻天覆地的变化，总体而言和平与发展仍然是时代主题。在和平与发展时代主题下，“全球治理”的实践也应该顺应这一发展潮流。中国经过 40 年的改革开放，已经取得了巨大的成功，不管是经济实力还是科技实力都在稳步提升，电子商务以及电子支付这一依靠互联网而形成的新的产业甚至已经走在世界前列，大大促进了生活的便利和商业活动的进行。中国在这样的背景下，仍然于 2015 年宣布裁军 30 万，表达出中国和平发展的愿望，向世界表明：中国的崛起是和平的崛起，中国绝不会走“国强必霸”的老路，大大丰富了“全球治理”过程中的和平发展实践。中国在处理对外国家关系方面，积极寻求与其他国家之间建立友好合作关系，中国不会像原先的某些国家一样，大国主义色彩浓厚。中国在参与“全球治理”的同时，始终表现出对其他国家的尊重，坚持“各主权国家无论大小、一律平等”的原则，丰富了“全球治理”中新型国家关系实践的发展。另外在一些非传统领域，中国也在积极参与“全球治理”的实践，比如中国正在努力实现经济发展转型，努力研发新的科技，利用新的科技手段实现“绿色经济”“环保经济”，减少污染气体的排放，同时积极承担国际责任，采取了一系列措施履行自己的减排义务，以促进全球气候问题的解决。中国的一系列措施和行动，都丰富了新的理念下“全球治理”的实践。

① 杜飞进：《解决人类问题的“中国方案”——论习近平同志的东方智慧与全球视野》，《哈尔滨工业大学学报》（社会科学版），2017 年第 1 期。

② 杜飞进：《解决人类问题的“中国方案”——论习近平同志的东方智慧与全球视野》，《哈尔滨工业大学学报》（社会科学版），2017 年第 1 期。

3. 中国智慧推动发展"全球治理"新秩序

随着经济全球化和网络技术以及新的科学技术革命的不断发展,"全球治理"制度正在发生巨大的变革。原先的"全球治理"严格来说其实是"强国治理",比如一战结束后,战胜国召开凡尔赛会议,中国虽然作为战胜国参加会议,但是中国几乎没有发言权,凡尔赛会议完全可以称之为"寡头会议"。事实上二战快要结束的时候也是这样,美国、苏联和英国在雅尔塔会议上背着中国确立了雅尔塔体系,严重损害了中国的国家利益。中国当时虽然作为美、英、中、苏四大国之一,但事实上苏联和英国,尤其是苏联一直没有认同中国的大国地位,美国为了自己的国家利益,与苏联达成妥协,严重损害了中国的利益。这表明,旧的"全球治理"模式,都是通过国家之间达成"力量均衡"的方式来进行的,战后美苏两国争霸还是采取了这样的模式。这种旧的"全球治理"模式下制定的国际规则,一定是不公正和不平等的,由这些国际规则产生的国际秩序,也必然缺乏公平性。冷战结束后,"全球治理"在国际政治格局"重新洗牌"中发生了新的改变。当今世界力量对比正在发生快速的变化,随着科技革命的快速进步,这种变化过程正在加速。经过了几十年的准备,中国在这样的变化之中已经具备了相当强的综合国力。中国是世界上最大的发展中国家,中国和世界上其他很多发展中国家一样,国内仍然存在诸如"区域发展不均衡、贫富差距不断拉大"的社会民生问题,所以中国在"全球治理"过程中普遍代表了发展中国家的国家利益,能够维护发展中国家的整体利益。中国坚持和平共处五项原则,愿意通过协商对话的方式解决国际问题,中国坚持在互相尊重的基础上进行和平对话的态度,对于推动新的国际秩序的产生具有重要作用。事实上,随着中国更积极有为地参与全球治理,尤其是大力推进"一带一路"倡议的实施,中国已经在潜移默化地影响整个国际规则的制定,也必然会推动更加"公平、公正、合理、平等"的国际新秩序的产生。中国始终做世界和平的建设者、全球发展的贡献者和国际秩序的维护者,是推动构建良好的国际发展环境和公正合理国际新秩序的重要力量。[①]

总之,中国倡导的全球治理,通过与国际社会的共商、共建、共享,必将为中国发展和人类进步作出巨大的贡献,中国智慧将在应对全球挑战中迸发出更加耀眼的光芒。

---

① 杜飞进:《解决人类问题的"中国方案"——论习近平同志的东方智慧与全球视野》,《哈尔滨工业大学学报》(社会科学版),2017年第1期。

第六章　非传统安全

安全是人类生存的最基本需要，是国家间交往最基本的行为准则。习近平总书记指出，当前我国国家安全内涵和外延比历史上任何时候都要丰富，时空领域比历史上任何时候都要宽广，内外因素比历史上任何时候都要复杂，必须坚持总体国家安全观，以人民安全为宗旨，以政治安全为根本，以经济安全为基础，以军事、文化、社会安全为保障，以促进国际安全为依托，走出一条中国特色国家安全道路。①

时间绵延翻卷着安全的难题，空间交错变换着安全的场域。人类在不断发展的同时，气候持续地在变暖，海平面持续地在升高，人口的快速增长持续地带来了资源承载的危机，经济的发展持续地导致了环境的危机，人类面临的传统安全危机并没有被消解，非传统安全危机却又给人类命运带来了新的阴影。在国际格局与中国社会转型的背景下，国际问题与国内问题相互缠绕与转化，越来越多的“非传统安全威胁”需要我们去关注、解读、认识与应对。

问题

- “全球化”和“逆全球化”与非传统安全的关系是什么？
- 非传统安全的定义与特征是什么？
- 非传统安全威胁的场域类型及其应对策略是什么？

第一节　非传统安全语境

一、非传统安全的全球语境

全球化是一个人类社会的综合命题，既是一个政治命题，又是一个经济命题；既

① 习近平：《习近平谈治国理政》（第一卷），北京：外文出版社，2018 年，第 200 页。

是一个文化命题，又是一个社会命题；既是一个发展命题，又是一个安全命题。全球化的实质内涵是：国家界限的超越与空间距离的“死亡”，或者说世界变成了“地球村”，变成了“绿色温室”，人类开始了共生、共存、共创与共享的新时代。

经济全球化不仅为世界创造了无数新的就业机会，为千百万人开辟了新的生活机遇，而且促进了各国经济增长大大加快，生产要素高速流动，制度创新层出不穷。然而，经济全球化蕴含着巨大风险，不仅使世界面临大规模金融风暴、环境破坏、大量经济移民跨国流动、跨国经济犯罪、全球国际债务和对跨国公司缺乏有效监督等问题，而且有可能导致发展中国家经济发展失衡，进而引发经济和政治动荡。

文化全球化使得人们不愿意做文化孤岛上的鲁滨孙，也使得民族不愿意做文化沙漠中的夜郎国。体现现代文明的同质性价值观念如重视效率、珍惜时间、强调民主、认可能力和鼓励竞争等向全球普及，体现各民族的优秀品格如德国人的严谨、美国人的开拓、英国人的绅士、法国人的浪漫、中国人的勤劳与中庸等互相融合，这些价值观念与民族品格汇聚成一种力量，努力实现“地球文化村”或“互联网星球”的人类理想。然而，文化全球化或多或少地体现着发达国家对发展中国家显示的文化霸权、文化倾销与文化殖民。

政治全球化使国内政治与国际政治的界线日益模糊，国家之间的政治对话与合作大大加强，在主权让渡基础上形成的各种“利益共同体”“命运共同体”“责任共同体”正在出现，平等、民主和正义等政治中的普遍性与共同性因素明显增加，各国在社会结构、价值观念和生活方式上发生着很大的变化。然而，政治全球化使主权的绝对性受到冲击，特别是秉持政治话语的超级大国在全球化中以“霸权”的方式损害着最基本的国际正义。

全球化在向深度发展的同时，英国“脱欧”和美国“退协”等逆全球化现象也频频出现，人类面临的非传统安全威胁日益凸显。21世纪初以来，人们目睹了“9·11”恐怖袭击、严重急性呼吸道综合征(SARS)危机、全球金融危机、日本核灾难、西亚和北非特别是埃及的持续骚乱，加之“伊斯兰国”(ISIS)的兴起以及欧洲的难民潮等非传统安全危机。恐怖袭击的遍地出现，已经成为人类的一种“普遍性恐怖”。在德国社会学家乌尔里希·贝克(Ulrich Beck)的“风险社会”以及英国社会学家安东尼·吉登斯(Anthony Giddens)的“现代高风险”的语境中，人类正在经历一个从“我饿”到“我怕”的社会历史转型。无论是全球生态危机还是全球认同危机，直接产生于周遭世界的“不对称威胁”越来越使人类深陷于“生存性焦虑”与“本体不安全”之中，非传统安全危机的“常态化”似乎成了世界的生存现实。

二、安全范式的历史转型

安全关涉人类生存与发展的方方面面。人们对安全最朴素的理解是：没有危险，或者说安全是人的一种包括身体上没有受伤害、心理上没有受损害、财产上没有受侵害、社会关系上没有受迫害、生存环境没有发生灾害等无危险的存在状态，或者是国家没有外来入侵的威胁、没有战争的可能、没有军事力量的使用、没有核武器使用的阴影等。

非传统安全问题使得人类的发展与安全紧紧缠绕，成为时代发展的新主题、外交提升的新议题、国防建设的新难题、社会治理的新问题、学术研究的新课题。非传统安全问题的凸显表明人类面临的安全问题更加趋于多元化和复杂化，安全范式将出现全面转型。如果说军备性的"安全困境"(security dilemma)是传统安全的"两难"，那么资源性的"安全困境"是非传统安全的"两难"。

冷战结束后国际安全的发展趋势表明，非传统安全作为非军事武力的安全，一方面使安全的领域拓展了，经济安全、文化安全、环境安全和社会安全等被纳入"安全"的范围；另一方面使安全的层次多元化了，全球安全、地区安全、团体安全和国民安全等成为安全的重要方面而被考虑。同时，国际与国内、发展与安全、军事与非军事、安全部门与非安全部门之间的区隔不断被打破，国际安全问题国内化和国内安全问题国际化的趋势也日益增强，安全范式出现了历史性转型。

转型一：安全从"传统"到"非传统"。

传统安全通常被认为包括两个主要内容：军事安全和政治安全。

军事安全是指一个国家以军事力量和军事手段维护自己的生存不被武力侵害，如主权不受侵犯、领土不受侵入和政权不受颠覆等。在现实中，军事安全还包括军事威慑、军备控制、边防、海防、空防、信防(信息国防)等非战争方式的国防内容。冷战结束后，大多数国家的治国方略从追求军事实力的增强转向了追求经济实力的增强。但不可否认的是，军事力量对于实现国家意志、施行外交政策、提升战略地位以及维护政局稳定等仍有着其他任何手段无法替代的重要作用。

政治安全是指国家在维护政治主权与政权中的政治体系稳定与政治发展有序。国家政治体系稳定是指国家的国体、政体、国家结构形式、政治意识形态、政党制度等诸种因素的整体协调统一，以及这些因素在社会内部矛盾发生、发展和解决的过程中，保持原有的基本结构和基本性质不变。政治发展有序是指在实现政治现代化与政治民主化的过程中，能有效地进行政治动员，并能有效地消除不安定因素、防止政治动乱，保证政治运作的规范性和连续性。

然而，人类对非传统安全威胁的重视源于对“非军事问题”的关注。20世纪中叶起，生态环境恶化、人口发展失当、经济发展失衡、贫困严重、资源匮乏等进入安全研究的视界。进入21世纪后，更大范围内的恐怖主义问题、气候问题、能源危机、粮食危机、金融危机、信息安全问题等成为安全研究的重要议题。尤其是当“非国家行为体”与“非对称安全挑战”成为安全威胁的重要来源时，人类面对的安全威胁突破了传统的主权边界，安全维护方式突破了传统的军事武力方式，导致军事安全与政治安全以外的经济安全、社会安全、环境安全、文化安全成了安全研究的重要领域。

转型二：安全从“事件”到“场域”。

非传统安全挑战构成的不是单一的安全问题或安全威胁，也不是单一的危机事件或事故灾害，而是一个具有特定性质的“场域”，进而形成具有整体、交织、复合、时变性质的“场域安全”。“场域安全”新视角可以帮助我们深化对各类安全事件的认识，即安全事件只是一种现象或表象，其背后关联着安全语境的复杂关系，安全不仅仅是一种“事件”，安全还是“场域”中的一种“条件”、一种“结构”和一种“价值”。

中国提出的“总体国家安全观”的“总体”一词揭示出了国家安全是一种特定的“场域安全”，国家安全既是作为具有总体社会空间性质与价值复合体的“场域安全”，又是作为政治、经济、社会、文化、环境等各个领域间体现安全关系网络与互为保障的“场域安全”，还是作为一种安全理论之“分析单位”与“思考基点”的“场域安全”。在总体国家安全观的观照下，离散的、局部的、本位的、传统的安全理解被超越和提升，总体国家安全观创设了这样一个“安全之境”：安全是一种跨越边界的状态，因而既要重视外部安全，又要重视内部安全；安全是一种相互关联的结构，因而既要重视国土安全，又要重视国民安全；安全是一种整合关系的场域，因而既要重视传统安全，又要重视非传统安全；安全是一种不可或缺的条件，因而既要重视发展问题，又要重视安全问题；安全更是一种普世共享的价值，因而既要重视自身安全，又要重视共同安全。

转型三：安全从“国家”到“人类”。

在“战争与和平”时代，国家安全一直是人们关注安全的中心。在“和平与发展”时代，人们发现没有战争并不等于安全，于是与发展相关联的“人的安全”进入了人们的视域。20世纪60年代，联合国开始关注影响整个人类的环境、粮食、人口、贫困等非传统安全问题。70年代，联合国开始关注安全的相互依赖性与发展中不断出现的安全问题。例如,1972 年 6 月,联合国在瑞典首都斯德哥尔摩召开了人类环境会议,这次会议提出了《只有一个地球——对一个小小行星的关怀和维护》的报告,并指出:人类的生存和地球的生存息息相关,生态环境的破坏、食物的缺少、人口的增长等问题,已经成为人类生存面临的十分迫切的事情了,特别是“当前的环境趋势不能继续太久,因为人类正在走向一条自我毁灭的道路”。[①] 80 年代,联合国开始把环境、发展、粮食、人权问题等直接提升到安全高度加以认识,并提出了相应的“环境安全”“经济安全”等安全话语。1993 年,联合国开发计划署特别顾问哈克博士对“全球人类安全新概念”作了阐释,强调新安全观“不仅是国土的安全,而且是人民的安全;不仅是通过武力来实现的安全,而且是通过发展来实现的安全;不仅是国家的安全,而且是个人在家中和工作岗位上的安全;不仅是防御国家之间冲突的安全,而且是防御人与人之间冲突的安全”。[②]

1994 年,联合国的《人类发展报告》全面阐述了“人的安全”(human security)概念,并涵盖了七大安全问题:经济安全、粮食安全、健康安全、环境安全、人身安全、共同体安全和政治安全。同年,时任秘书长加利在《和平纲领》中也强调了人口无限增长、债务、毒品、贫富差距、贫困、疾病、饥荒、难民等问题对人类的威胁,并提醒人们注意,这些威胁给人类造成的危害不亚于传统的战争威胁。

21 世纪初,联合国以打击恐怖主义为首要议题,积极关注气候问题、能源问题、全球金融危机的应对等。非传统安全问题的多样化,使“人的安全”的关注点日益增多。如联合国 2015—2030 年的可持续发展目标是:消除贫困(有 12 亿人仍处于极端贫困状态),消除饥饿(有 8.05 亿人即地球人口的九分之一食不果腹),减少儿童死亡率,与艾滋病和其他疾病作斗争,实现性别平等,确保所有人享有水和环境卫生,建设包容、安全、有风险抵御能力和可持续的城市及人类居住区,等等。

三、非传统安全的中国语境

冷战结束以后,世界安全格局出现了重大变化。中国提出了与“战争与和平”的时代观相异的“和平与发展”的时代观,并以经济建设为中心,开启了改革开放的伟大历史进程。20 世纪 90 年代初,中国政府开始关注非传统安全问题并提出相应的

---

① [英] 芭芭拉·沃德、[美] 勒内·杜博斯:《只有一个地球——对一个小小行星的关怀和维护》,《国外公害丛书》编委会译校,长春:吉林人民出版社,1997 年,第 14 页。

② [巴基斯坦] 马赫布卜·乌·哈克:《发展合作的新构架》,《联合国纪事》(UN Chronicle)(中文版),1993 年第 4 期。

新安全理念。在不断总结和探索的基础上，中国领导人于20世纪90年代中后期明确提出以“互信、互利、平等、协作”为核心的新安全观。

2001年起，中国政府开始在一些重要的政策文件与讲话中使用“非传统安全”一词。2001年，中国与上海合作组织成员国签署《打击恐怖主义、分裂主义和极端主义上海公约》（简称《上海公约》）和《上海合作组织成员国关于地区反恐怖机构的协定》，给出了“恐怖主义”“分裂主义”和“极端主义”的明确界定。

2002年11月4日，中国发表《中国与东盟关于非传统安全领域合作联合宣言》，着重指出：“认识到非传统安全问题十分复杂，有着深刻的背景，需要综合运用政治、经济、外交、法律、科技等手段加以应对；认为非传统安全问题需要加强地区和国际合作，中国与东盟各国互为近邻，在应对非传统安全问题方面存在广泛的共同利益；满意地注意到中国与东盟在非传统安全领域已经开展的合作与取得的成果……”[①]落实该宣言的重点和形式是：“（一）现阶段合作重点为打击贩毒、偷运非法移民包括贩卖妇女儿童、海盗、恐怖主义、武器走私、洗钱、国际犯罪和网络犯罪等；（二）在深化其他的多边和双边合作基础上，1. 加强信息交流；2. 加强人员交流与培训，促进能力建设；3. 加强在非传统安全领域的务实合作；4. 加强对非传统安全问题的共同研究；5. 探讨其他合作领域和方式。”[②]

此后，“非传统安全”被上升为国家的方略。2002年，党的十六大报告明确指出：“传统安全威胁和非传统安全威胁的因素相互交织，恐怖主义危害上升。”[③] 2007年，党的十七大报告再次明确指出：“传统安全威胁和非传统安全威胁相互交织，世界和平与发展面临诸多难题和挑战。”[④] 2012年，党的十八大报告更是对非传统安全的局势进行了全面的阐述，众多安全领域不仅被充分关注，而且有了相应的重要对策：在国家安全领域，提出了要“完善国家安全战略和工作机制，高度警惕和坚决防范敌对势力的分裂、渗透、颠覆活动，确保国家安全”。

2014年，中国对国家安全的方略定位与对非传统安全威胁的应对体系有了全新的建构。4月15日，国家安全委员会召开首次会议，习近平在《坚持总体国家安全

---

① 《中国与东盟关于非传统安全领域合作联合宣言》，http://www.fmprc.gov.cn/mfa_chn/wjb_602314/zzjg_602420/yzs_602430/dqzz_602434/dnygjlm_602436/zywj_602448/t10985.shtml，2015年3月4日访问。

② 《中国与东盟关于非传统安全领域合作联合宣言》，http://www.fmprc.gov.cn/mfa_chn/wjb_602314/zzjg_602420/yzs_602430/dqzz_602434/dnygjlm_602436/zywj_602448/t10985.shtml，2015年3月4日访问。

③ 江泽民：《全面建设小康社会，开创中国特色社会主义事业新局面——在中国共产党第十六次全国代表大会上的报告》，http://www.china.com.cn/guoqing/2012/10/17/content_26821180.htm，2015年3月17日访问。

④ 胡锦涛：《高举中国特色社会主义伟大旗帜 为夺取全面建设小康社会新胜利而奋斗——在中国共产党第十七次全国代表大会上的报告》，http://news.xinhuanet.com/newscenter/2007/10/24/content_6938568.htm，2015年2月24日访问。

观　走中国特色国家安全道路》的讲话中指出："贯彻落实总体国家安全观，必须既重视外部安全，又重视内部安全，对内求发展、求变革、求稳定、建设平安中国，对外求和平、求合作、求共赢、建设和谐世界；既重视国土安全，又重视国民安全，坚持以民为本、以人为本，坚持国家安全一切为了人民、一切依靠人民，真正夯实国家安全的群众基础；既重视传统安全，又重视非传统安全，构建集政治安全、国土安全、军事安全、经济安全、文化安全、社会安全、科技安全、信息安全、生态安全、资源安全、核安全等于一体的国家安全体系；既重视发展问题，又重视安全问题，发展是安全的基础，安全是发展的条件，富国才能强兵，强兵才能卫国；既重视自身安全，又重视共同安全，打造命运共同体，推动各方朝着互利互惠、共同安全的目标相向而行。"①

2017 年 10 月，党的十九大报告明确指出：世界面临的不稳定性不确定性突出，世界经济增长动能不足，贫富分化日益严重，地区热点问题此起彼伏，恐怖主义、网络安全、重大传染性疾病、气候变化等非传统安全威胁持续蔓延，人类面临许多共同挑战。

第二节　非传统安全理论

一、非传统安全定义

"非传统安全"是一个动态性的概念，它呈现了安全现实和安全理论的变化和拓展，是对应于在军事和政治领域之外的经济、社会、文化、环境、生态、信息等更广泛的领域存在的生存性威胁。非传统安全是相对于传统安全而言的，而传统安全以军事安全和政治安全为主要内容，权力、军事、武力、战争是传统安全的核心体现和保障，因此我们可以从狭义的角度界定非传统安全为：

一切免于由非军事武力所造成的生存性威胁的自由。②

这一定义的关键句式是"免于……威胁"，其实质是"威胁的不存在"，因而是狭义的。事实上，如果我们认为安全只是"威胁的不存在"，就会带来一种比较消极的后果，即在现实中寻找威胁并努力消除之，于是设想的敌人或对手就会成为去不掉的影子，进而使对抗与复仇成为未来资源投入的首要领域。这时，人们所寻求的"威

---

① 《习近平：坚持总体国家安全观　走中国特色国家安全道路》，http://news.xinhuanet.com/politics/2014/04/15/c_1110253910.htm，2015 年 4 月 15 日访问。

② 余潇枫、潘一禾、王江丽：《非传统安全概论》，杭州：浙江人民出版社，2006 年，第 52 页。

胁的不存在”变成了无法达成的虚位状态，甚至使“危态对抗”代代相传。可见，传统安全中用“摆脱战争”来定义安全虽十分明确，但过于狭窄；而在非传统安全中用“免于……威胁”或“威胁的不存在”作为安全的最基本概括，虽揭示出了安全的部分实质即在于消解威胁，但仍过于消极。为拓展对安全问题的理解，应当分析安全与人的生存状态的相关性，揭示安全的本质意义，以建构广义的非传统安全定义。

在全球化背景下的生存境况中，安全战略不仅要在安全梯度的底端(危态)进行考虑，更要在安全梯度的顶端(优态)进行设计与共建。与其着眼于对可能有的“危态”进行设防与对抗，不如着眼于对可能有的“优态”进行设计与共建、共赢、共享，这样更有利于和平与发展。据此，广义的非传统安全可界定为：行为体间的优态共存。

“优态共存”(superior co-existence)是一个相对于“危态对抗”的概念。“优态”是安全指向的对象，是安全达成的价值性条件，表征的是具有独立身份的行为体的生存能力与可持续发展的生存境况，它是相对于所有行为体层次来说的。把以优态作为对象的安全置于发展国际关系的最基本前提下，就使安全研究的主题从“战争—和平—安全”拓展到“和平—发展—安全”，不仅表明了国际关系理论从源起于“战争与和平”的思考转向了“和平与发展”的思考，而且随着非传统安全问题的凸显，还将转向“发展与安全”的思考，进而标示出了安全所要达到的更广泛和更深远的价值目标。以“优态共存”界定安全，其安全的可能性边界就拓展到了安全建设的双方甚至是多方，其安全就有了某种绝对的意义。

“共存”是安全获得的互惠性条件，表征的是行为体追求安全的平等性与交互性。在全球体系中，无论哪一个层次的行为体，若要获得安全，其基本立场与途径都只能是通过互惠共建达到合作共赢和共优共享。尤其是诸多的非传统安全问题都是跨国的，甚至是全球性的，这就需要国际关系任何一个层次中“自者”与“他者”间的共同努力。所以，优态共存是非传统安全的实质，利益共同体、命运共同体和责任共同体的打造才是非传统安全的价值目标。

“行为体间”是安全实现的关系性条件，安全建构只有置于“行为体间”的关系本位与过程建构之中，才能达成安全维护的“多元治理”“全球治理”“有效治理”，以代替传统安全维护中的“垄断治理”“霸权治理”“低效治理”。[①] 同时，广义的非传统安全定义强调“行为体间”的另一重含义，是把单纯的自然灾害排除在了非传统安全威

---

① 秦亚青：《全球治理失灵与秩序理念的重建》，《世界经济与政治》，2013 年第 4 期。

胁之外，只有当自然灾害融合了人为因素，或者自然灾害引发了人为灾难，这类“复合性自然灾害”才是非传统安全的指涉对象。

二、非传统安全特征

对非传统安全有了一个初步的定义，就需要进一步分析非传统安全威胁的特征。目前，学界对非传统安全的“集合特征”有一个基本的认识，即认为非军事武力、跨国、普遍性威胁、非国家行为体参与、从来没有发生过、需要多国行为体共同治理等是与传统安全相区分的非传统安全的特征。概括起来，非传统安全的特征可以分为非传统安全的问题特征和非传统安全的场域特征。

从问题特征的角度看，非传统安全是一种具有“始发性”“潜在性”“扩散性”“多样性”“综合性”特征的新型安全。“始发性”表明，非传统安全问题之所以成为“非传统”的，是因为它们大多是过去很少见到，现在却变得日益“现实化”与“普遍化”，并使得各国政府既有的安全机制与危机处理机制产生严重的不适应。“潜在性”表明，非传统安全由于威胁来源隐蔽和多样，爆发时间和地点存在着极大的不确定性，常以突发性灾难的形式造成巨大伤害。“扩散性”表明，跨国性和全球性是非传统安全的突出特点。“多样性”表明，非传统安全威胁的来源是多元的和复杂的，更多是来自非国家行为体，这使得威胁显得复杂多样而难以应对。“综合性”表明，需要对非传统安全进行跨领域和跨国家的综合治理与维护。

再从场域特征的视角看，非传统安全是一种具有“广义性”“复合性”和“多维性”特征的新型安全。“广义性”表明，“非传统”的安全更多地与风险、危机、紧急状态、日常生存性威胁相关联，更多地与自然灾害、事故灾难、突发公共卫生事件和突发社会重大安全事件相关联。“复合性”表明，当“社会安全”与“人的安全”被引入了安全的新视域，安全的中心已不仅仅是“国家”，而是“国家、社会、人（类）”三者的复合。“多维性”表明，在全球化时代，安全问题是相互关联的，源自国家内部的非传统安全问题与事件会对国际产生影响，也会反过来再影响国内。如人口安全、食品安全、复合性自然灾害、特大事故灾难、突发公共卫生事件、重大群体性冲突事件等，具有地域场景性、制度相关性、人口密集性、信息遮蔽性、资源稀缺性等“多维性”特征。

值得强调的是，“非传统”是一个与“传统”相对而又动态变化着的概念，非传统安全与传统安全有着难以确定的领域边界，如非传统安全中的民族分离主义、宗教极端主义问题都涉及政治安全领域，非传统安全中的恐怖主义问题都涉及军事安全领域。作为一个独立的概念，“非传统安全”与“传统安全”相区别。但是，作为一个动态的概念，“非传统安全”又与“传统安全”相联系、相交织、相转化、相替代。“非传统”不断地从“传统”中分化出来，却可能在未来被归入“传统”之中，而未来社会又会创化出新的“非传统”让人们去认识与把握。

三、非传统安全研究

在以往的国际关系研究中，现实主义安全研究提出过诸多的国际安全观，如“威慑与核威慑论”“地缘政治论”“权力均势论”“安全博弈论”“安全困境论”“霸权稳定论”等，这些安全观点以自身的利益与权力为本位，强调“有好篱笆才有好邻居”。自由主义安全研究提出过“相互依存论”“制度共建论”“民主和平论”等安全观，重视国家之间经济贸易日趋融合与相互依赖的趋势，强调“有好篱笆才有好邻居”，试图创造一种基于国际制度的国际安全新局面。建构主义的安全研究则强调，由“社会关系”来规定国家角色，由“社会认同”来构建国家的利益与安全，由“社会文化”来影响国家的安全战略，由“社会规范”来创造安全的行为模式，强调“有共同认同与好规范才有好邻居”。建构主义首先对传统安全研究进行了“深化”与“扩展”，继而成为非传统安全研究的重要学派。

目前，西方非传统安全研究大致有七个学派：

建构主义安全研究提出了“安全互构说”，其理论取向是超越传统安全研究的“物质支配主义”，用“观念因素”取代“物质因素”，认为任何安全的终极状态不是由所谓的客观物质因素“先定”和“支配”的，而是由观念因素“施动”和“建构”的；威胁或者安全都是一种“施动者”和“社会结构”的“互构”，而社会结构又是主体间互动的结果。

哥本哈根学派则提出了基于“主体间性”的“安全化”（securitization）理论，强调公共问题上升为国家关注的安全问题需要认定其为“危险”或“存在性威胁”，进而采取紧急措施。为此，“安全化”能很好地解释为何不同的国家会有不同的安全重点，不同的历史阶段会有不同的安全重心。

后结构主义安全研究提出了“话语安全说”，认为由于安全化的权威主体往往是国家，所以决定“安全化”成立与否的是其背后的“话语环境”与“话语结构”。任何物质都无法离开话语的表征而独立存在，安全是一种话语，甚至威胁本身也是一种话语，比如将何种对象建构为威胁，其实就是创造一种关于“危险和安全的话语”，并将威胁自我的那个他者置于一种特殊重要的地位。

女性主义安全研究提出了“性别安全说”，并特别关注来自性别领域的特殊安全问题，关注身份建构，关注“低政治”的非传统安全问题，如种族歧视、性骚扰/强奸、人工流产、家庭暴力、儿童问题、营养不良、机会不均、经济剥夺、秩序混乱、环境危险、流行疾病、生活焦虑等，进而提倡“互相依赖的国际安全”和“星球意义上的全球安全”。[①]

批判安全研究的贡献是以人的安全为基点提出了“解放安全说”（security as emancipation）。[②] 重视安全的“主体间”维度的分析，将个人安全置于国家安全之上，并提出“人的解放”的目标是要消除“生存性焦虑”与保障“本体性安全”，安全的终极状态应是“真正的安全全球化”。

人的安全研究，使国际安全研究的议题扩展至包括贫困、不发达、饥饿和其他威胁人类整体的问题。这一转向极大地扩大了威胁的类型和安全适用的领域，粮食、健康、环境、人口增长、经济机会的差距、移民、毒品运输和恐怖主义等均在其中，安全进而被视为一种根除“贫困”和“不发达”的全球性努力。“人的安全说”突破了传统安全研究的国家中心主义局限，是非传统安全领域内最具“非传统”的理论。

后殖民主义安全研究提出了“‘非西方’安全说”，并将批判矛头指向帝国主义、西方资本主义、欧洲中心主义、西方霸权主义的话语称谓，认为非西方国家具有不同的发展轨迹，应该把非西方世界的被殖民史、第三世界国家的形成等纳入安全理论。

与西方的“原子主义”本论思维方式和“二元对立”的方法论立场不同，中国的“关系主义”与“整体主义”形成了中国人独特的安全思维方式与安全实现路径。在中国走入现代、走向世界的当下，中国学者从不同角度着力探索全球化背景下人类安全理想与非传统安全治理方式，出现了一大批与“和合主义”范式相关联相辉映的极有价值的安全思想成果，并从不同的视角探索“共享安全”在当代的可能性。如王逸舟的“创造性介入”论，阎学通的“道义—实力”论，刘江永的“可持续安全”论，赵汀阳的“新天下主义”，秦亚青的“关系—过程”论，金应忠、王平、任晓等的“国际共生”论，陈志敏的“有效安全”论，余潇枫、魏志江的“和合主义”与“共享安全”论。

---

① ［美］克瑞斯汀・丝维斯特：《女性主义与后现代国际关系》，杭州：浙江人民出版社，2003 年，第 225 页。

② Soumita Basu and Joao Nunes, “Security as emancipation,” in: Laura J. Shepherd, ed., *Critical Approaches to Security*, London, New York: Routledge, 2013, pp.63 - 76.

“和合主义”(peace coopratìvism)是国际关系理论中正在形成的一种颇具中国特色的理论范式。“和合主义”思想渊源可以追溯到中国古代的《周易》。《周易》明确提出了“保合太和”的安全价值目标、“万国咸宁”的共享安全理想、“协合万邦”的安全实现路径。与此相应,中国典籍“《尚书》中的‘天命—人事’王道秩序观,《诗经》中的‘华夷对峙—交融’民族文化观,《周礼》中的‘天下—五方’地缘政治观和《春秋》中的‘尊王—黜霸—大一统’历史哲学观”[①]等,都从不同程度上传承与突现了“共存论”“和合论”与“王道论”的治世理念。正是中国传统文化中“和合中庸、礼让为国”的传统特点,形成了中国特色的“和而不同”“兼容共存”的外交伦理原则,铸就了“协和万邦”“万国咸宁”的外交目标与文化自觉。“‘和合主义’作为一种新的安全范式,凸显了文化认同和各种认同对国家整合与国家安全的重要作用,凸显了安全威胁源转变对安全认知与安全建构的重要意义,超越了传统国家中心主义的价值立场,确立了统一内在聚合性和外在独立性的主体间认同对国家安全的价值优先性。”[②]

“和合主义”的核心价值是“类生存”“类伦理”与“类安全”,安全内涵是行为体间的“优态共存”,理性原则是“社会共有、权利共享、和平共处、价值共创”,实现途径是行为体间的“和合共建”。“和合主义”是中国古代“共存论”与“和合论”思想的现代呈现,也是“优态共存”“合作共赢”“共享安全”等思想范畴的集成式表达。以“共享安全”为例,“共享安全”在西方现实主义以对抗思维为主导的安全观看来是难以想象的,但“从传统思想文化与长程历史演进来看,中国文化中‘重和’的方面是主流和整体的,‘尚争’的方面是暂时的和局部的;中华文明中内敛的、防御的和合作的一面,多于扩张的、进攻的和竞争的一面”。[③] 中国几千年的“外交实践”,表明了中国人爱和平、重防御、讲团结、求统一的安全思维以及国家层面上的防御性国策,也促成了中国人爱公平、重共存、讲中庸、求和合的安全态度与共享安全的价值追求。在中国不断融入世界成为全球行为体的当下,“和合主义”将随着国际社会更为包容的发展而逐渐为各国所重视和认可,并与国际的“和平主义”“世界主义”相整合而形成一种新的具有中国特色的国际关系与国际安全的理论观点,有效地应对传统安全威胁和非传统安全威胁所带来的多重挑战。

---

① 杨倩如:《双重视野下的古代东亚国际体系研究——在中外关系史与国际政治学之间》,《当代亚太》,2013 年第 2 期。

② 余潇枫等:《中国非传统安全能力建设:理论、范式与思路》,北京:中国社会科学出版社,2013 年,第 105 页。

③ 马维江:《中国的“金砖梦”与“非洲梦”》,中国社会科学院世界经济与政治研究所电子版交流材料《IPER 政经观察》,第 1308 号。

第三节 非传统安全治理

一、非传统安全威胁呈现的三大态势

第一，“非传统战争”不断凸显。例如，恐怖主义战争、经济战（金融战、贸易战、质量战）、生化战（基因战、细菌战、物种战）、资源战（“水战”、“油战”、战备资源争夺战）、信息战（网络战、信息武器战）、文化战（宗教战、意识形态战、大众传媒战）、毒品战等，正广泛发生于经济、生态、国防、能源与科技等领域，这些战争的对抗规模、频次与强度呈扩张之势。

第二，“非常规灾害灾难”明显增多。如外来生物入侵，造成中国每年经济损失超2 000亿元人民币；贸易壁垒威胁，仅2013年就使中国24%的出口企业受影响，新增成本2 802亿美元，造成直接损失达685亿美元；重大传染病疫情，仅“非典”就造成中国内地经济损失达179亿美元。还有环境安全威胁（雾霾、水污染、洋垃圾、土壤污染）、重大复合性灾害灾难、海外华人的不安全事件等，它们具有多领域、易突发、传播广、扩散快的非常规破坏力，已经对经济社会持续健康发展构成较大威胁。

第三，“非常态危机”频繁爆发。“非常态危机”是指因常态危机应对失当而引发的复合性、系统性和异质性冲突的危机。例如，因连续性暴恐袭击引发民族对立的边疆治理危机，因关键性资源崩溃引发的社会安全危机，因多发性公共危害引发的政府公信力危机，因频繁性权力行使不当导致社会矛盾激化引发的社会治理危机等，直接对民众生命健康、社会结构以及政权稳定造成整体性和持续性危害。

从国家安全维护的角度，可以把非传统安全威胁分为全球、地区、国家、次国家的不同层次，也可以分为内源性、外源性、双源性和多源/元性的不同场域类型，以下内容是从场域的角度来考虑非传统安全治理。

二、内源性非传统安全威胁及治理

“场域安全”的理论视角为非传统安全建立了一种新的类型划分依据。从“场域安全”这一关系网络的整体性、交织性、强弱性、动态性的特征看，非传统安全问题可从威胁的源发地以及非传统与传统安全威胁的交织特性角度进行类型划分。

内源性非传统安全威胁（endogenous non-traditional security threats）是指威胁

源起于国内，经过扩散与“溢出”国界而影响他国或与他国安全场域相关联的地区，继而再影响本国的非传统安全威胁类型。

内源性非传统安全威胁主要包括“政治安全”领域的腐败问题，还包括“社会安全”与“人的安全”广泛涉及的各种公共安全问题。这意味着日常生活中的食物、居所、求职、健康、公共安全和人的权利等“低政治”领域的问题，会经过“安全化”而上升为政府十分关注的“高政治”议题。党的十八大报告中“涉安”的领域有：粮食安全、食品安全、公共卫生安全(包括医疗安全与药品安全)、社会保障安全、生产安全、信息安全、经济安全、人民生命财产安全、公共安全、生态安全、能源安全、资源安全、海洋安全、太空安全、国防安全、网络空间安全、国际安全等，这其中多数安全领域都是内源性非传统安全问题。

内源性非传统安全威胁的主体往往是国内行为体，其诱发因素往往是国内各种矛盾长期积聚而没有得到及时发现、疏导或妥善解决，或者应对不当、处置过度，其有效治理需要本国以内政为主、外交为辅进行预警、防控、应对、处置，需要对国内经济、社会、环境、科技等各方面制定综合全局、协调各方的长远规划，需要通过全面深化改革提升整合应对能力，特别是需要政府与社会力量的共同参与和复合联动。

三、外源性非传统安全威胁及治理

外源性非传统安全威胁(exogenous non-traditional security threats)是指威胁源起于全球或国外，经过扩散而导入本国或与本国安全场域相关联的地区的威胁类型。

外源性非传统安全威胁有不同的层次与形态。全球性的有：生物圈危机、气候变化危害、环境恶化、资源匮乏；区域(间)性的有：区域性经济危机、跨国犯罪、海洋安全问题、网络安全问题、太空安全问题、核安全问题等；国家间的有：边境河流、山脉等的主权争端，跨境水域污染恶化，重大海空灾难、边境移民问题、国际恐怖主义或跨国恐怖主义威胁不断，因历史、领土、宗教、文化、发展等因素而引发的国家间冲突等。

对大多数国家来说，海盗威胁是严峻的外源性非传统安全威胁。全球90%的货物经由水路运输，全世界80%的交易和英国92%的交易由国际船运完成，海盗威胁如影随形。仅2008年至2013年间，索马里海盗在亚丁湾和印度洋上进行了将近1 000次袭击，其中2012年索马里海盗造成的国际损失估计达60亿美元。近年来，东南亚海域的海盗情势出现反弹，再度成为全球海盗最活跃的地区，东南亚海域的案件也占了全球海盗袭击和抢劫案件的75%，中国也越来越多地面临海盗威胁。

外源性非传统安全威胁的最基本特点是危机原发端不在国内，受动端对原发端危机的发生和发展难以控制。如果原发端危机的施动者故意为之，则受动端的危害会成倍加大。受动端主要通过外交手段进行应对和处置。但是，由于问题的源头在国外，受动端往往只能在外部施压，或联合多国行为体共同治理，或克服己方存有的脆弱性以加强己方的承灾与抗灾能力。

四、双源性非传统安全威胁及治理

双源性非传统安全威胁（dual-genous non-traditional security threats）是指同时源起于国内和国外，特别是源起于与边疆接壤的跨境地区，其主要特征有：威胁产生主体和诱发因素具有内外联动的"双重性"，威胁扩散与影响具有内外共振的"双向性"，威胁形态往往与军事武力相交织而与多源/元性非传统安全威胁相互转化。

陆疆和海疆的双源性非传统安全威胁有非法移民、跨国犯罪、海洋资源开发问题以及共同流域内水资源和生态环境问题等。区域间的军事冲突会导致难民非法入境，跨国有组织犯罪等也有可能引起国家间的军事冲突。随着中国走向海洋和建设"海洋强国"，海上恐怖主义、海上非法活动（海盗行为）、海洋自然灾害、海洋污染和海洋生态恶化等海上非传统安全问题开始凸显。

以具有双源性特征的公共安全卫生为例：亚洲每年 1 400 万死亡人数中，40％死于传染疾病（全球平均是 28％），其中亚洲死于麻风病的占全球的 80％，死于结核病的占全球的 34％，死于抗药性疟疾的占全球比率最高；每年约有 25 万儿童死于麻疹，75 万成年人死于麻风病，500 多万人患有艾滋病（主要分布于印度、泰国、缅甸、印度尼西亚、尼泊尔等），近 2.5 亿人处于因贫困和被社会边缘化而造成的种种疾病的困境与危险之中。[①]

双源性非传统安全威胁需要国家同时从外交与内政两个方面予以应对。

五、多源/元性非传统安全威胁及治理

多源/元性非传统安全的内涵有两种：一种是多源性（heterogeneous），另一种是多元性（multi-meta）。"多源/元性"，既是不同种类的多源，也是不同性质的多元，强调不同领域与性质事件的相互交织，特别是指非军事性的非传统安全威胁与军事性的传统安全威胁相互交织。因此，多源/元性非传统安全威胁特指与军事武

① Mely Caballero-anthony, Alistair D. B. Cook, *Non-Traditional Security in Asia: Issues, Challenges and Framework for Action*, Singapore: ISEAS Publishing, 2013, p. 17.

力相关涉的非传统安全威胁。

多源/元性非传统安全还被有些研究者称为"交织安全",多源/元性非传统安全威胁被认为是威胁国家的"第三种威胁"。[①] 从全球范围看,军事武力介入的多源/元性非传统安全议题较多,包括恐怖主义威胁、能源安全威胁、现代空袭威胁、网络安全威胁、核安全威胁、生物安全威胁等。

恐怖主义作为需要用军事武力手段参与应对的跨国性的多源/元性非传统安全威胁,基本为各国所认可。美国在 2001 年"9·11"事件发生后的十多年中,坚定不移地致力于反恐,认为恐怖主义是全球化时代众多的重要威胁之一。2014 年"伊斯兰国"(ISIS)的兴起,成为全球恐怖威胁,使国际反恐形势更加严峻。

相比于内源性、外源性与双源性非传统安全问题,军事性、政治性因素在多源/元性非传统安全问题的产生、演变与发展中具有支配性和主导性影响。这些军事性因素可以是动因如军事打击、军事威慑、政治警告等,也可以是武器攻击、外交博弈甚至是直接性的战争等,还可以是目标如战略控制和外交制衡等。因此,多源/元性非传统安全问题的治理构成了对当前世界各国和国家组织的重大考验。

综上所述,不同的场域类型涵盖不同的非传统安全威胁,而同一个安全领域出现的非传统安全问题由于威胁发源地和应对方式等的不同,也会呈现出不一样的场域特征,分属不同的场域类型,在一定的条件下会相互交织或相互转化。表 6-1 是根据非传统安全威胁的场域类型,对非传统安全威胁、问题、危机等进行的一个整合与分类,可为非传统安全威胁的类型判定提供有效参考。

表 6-1

威胁类型	安全问题、威胁或危机
内源性非传统安全威胁	1. 生态环境问题 2. 食品安全问题 3. 公共卫生安全问题 4. 土地安全问题 5. 能源安全问题 6. 资源安全问题 7. 信息安全问题 8. 科技安全问题 9. 文化安全问题 10. 社会公共安全问题

① 姜维清:《交织:国家安全的第三种威胁》,北京:世界知识出版社,2011 年。

续　表

威 胁 类 型	安全问题、威胁或危机
外源性非传统安全威胁	1. 气候危机 2. 生态危机 3. 金融危机 4. 能源危机 5. 人口危机 6. 资源危机 7. 流行性疾病等公共卫生安全危机
双源性非传统安全威胁	1. 跨国有组织犯罪威胁 2. 国际恐怖主义威胁 3. 民族分裂主义威胁 4. 宗教极端主义威胁 5. 跨国水资源安全威胁 6. 移民安全威胁 7. 其他边疆(陆疆、海疆、空疆)安全威胁
多源/元性非传统安全威胁	1. 恐怖主义威胁 2. 核安全威胁 3. 网络安全威胁 4. 生物安全威胁 5. 海盗威胁 6. 太空安全威胁 7. 极地安全威胁

第七章 反恐与国家安全

反恐怖斗争事关国家安全，要坚持凡“恐”必打、露头就打，出重手、下重拳，给暴力恐怖势力以毁灭性打击，坚决把暴力恐怖分子的嚣张气焰打下去，坚决挤压暴力恐怖活动空间，以震慑敌人、鼓舞人民。建立健全反恐工作格局，完善反恐工作体系，加强反恐力量建设，加强反恐国际合作，筑起铜墙铁壁，使暴力恐怖分子成为“过街老鼠、人人喊打”。坚决遏制和打击境内外敌对势力利用民族问题、宗教问题进行的分裂、渗透、破坏活动。①

问题

- 恐怖主义的本源是什么？
- 如何应对恐怖主义的威胁？

第一节 恐怖主义：概念与比较

一、恐怖主义的演变

恐怖主义随着人类历史的发展，有一个演变的过程。自 19 世纪末以来，国际社会已经历了四次恐怖主义浪潮：19 世纪末到 20 世纪初的无政府主义浪潮，20 世纪 20 年代到 60 年代的反殖民主义浪潮，20 世纪 70—80 年代盛行的意识形态浪潮，以及肇始于 20 世纪 80 年代、以“ 9 • 11” 事件为高潮的宗教极端主义浪潮。前三次恐怖主义浪潮和现在正在经历的第四次恐怖主义浪潮显然具有很不相同的特征。

第一次恐怖主义浪潮发生在 19 世纪 80 年代到第一次世界大战爆发前夕，无政府主义是其主要的动力来源。当时，为推翻专制统治，无政府主义者从事了一些个

---

① 习近平：《让老百姓过上好日子——关于改善民生和创新社会治理》，http://cpc.people.com.cn/n1/2016/0506/c64094-28329147-2.html.

人英雄主义式的恐怖活动。第一次浪潮起源于俄国，并逐渐波及西欧、巴尔干半岛和亚洲等地，几十年后，这一浪潮正式成型。虽然世俗造反恐怖主义案例在更早的时候就已出现，但只局限在特定的时间和国家，如美国的三 K 党。无政府主义浪潮则是历史上首次出现的全球性或真正国际化的恐怖主义现象。

反殖民主义浪潮产生于 20 世纪 20 年代，持续了大约 40 年，由此引起的第二次恐怖主义浪潮在时间上与之大致同步。这种恐怖主义的目标往往不是改变本国政府的政治属性，而是要赶走外国或外民族占领者，实现民族或国家独立。所以，与无政府主义相比，反殖民主义更具有群众基础，在活动方式上却受到无政府主义活动的影响。

在冷战时期，恐怖主义成为冷战的工具，美国和苏联都支持过一些恐怖组织。这种状况使得意识形态冲突成为冷战时期恐怖主义问题的主要色调。在西方国家出现了一些左派恐怖组织，曾经遍布拉美很多国家的左翼武装组织，更是当时世界恐怖主义问题的一个重要组成部分。另外，巴以冲突中阿拉伯世界在军事斗争中的失败，使得巴勒斯坦问题成为刺激世界恐怖主义发展的一个重要因素。到 20 世纪 80 年代，第三波恐怖主义浪潮逐渐衰退。一方面，是由于美苏冷战开始缓和，意识形态界限逐渐模糊，极左组织的思想动力来源遭受严重削弱，很多恐怖分子也出现思想倦怠的现象；另一方面，各国加强了打击力度，很多恐怖组织被破获，难以继续从事恐怖活动。到今天只在尼泊尔、西班牙、英国、秘鲁、哥伦比亚等国遗留了一些依然活跃的团体。但是，极左动机的恐怖主义虽然逐渐退潮，极右动机的恐怖暴力活动却在俄罗斯、德国等国家迅速增加，并有形成潮流的趋势。

当第三波恐怖主义由于各种原因逐渐衰退之时，宗教极端主义却开始积聚力量，并形成了第四次恐怖主义浪潮。宗教一直是恐怖主义问题中的重要因素。在爱尔兰、巴以冲突等问题中，宗教因素一直与民族主义相重叠，是促使形势恶化的重要原因。但是在当时，恐怖主义虽然从宗教教义和宗教活动中获得一定的力量，但其目标并不是宗教的。所以，前三波恐怖主义浪潮都不能标上宗教符号。但是自从 20 世纪 80 年代以来，宗教极端主义在恐怖主义问题上所发挥的作用越来越大，到 20 世纪 90 年代时已经成为一个主导性因素，在 21 世纪初终于达到了一个高峰。[①]

---

① 张家栋：《现代恐怖主义的四次浪潮》，《国际观察》，2007 年第 6 期。

二、新老恐怖主义的异同

目前正在进行中的宗教极端主义浪潮，既有一些旧的恐怖主义特征，更重要的是拥有一些新的内容，是一种新型的恐怖主义。具体来说，与前三次相比，第四次恐怖主义浪潮具有以下特征：

第一，宗教动机和宗教目标。在前三次浪潮中，旧恐怖主义一般是世俗动机主导的，往往会为其所从事的恐怖活动寻找一个理性的政治理由。而在冷战结束以后，宗教动机成为定义新恐怖主义特征的主要依据，在事实上产生了与现在世界“完全不同的价值体系、合法化机制、道德原则和世界观”。

第二，重宣传更重杀伤。旧恐怖主义在从事暴力活动时，一般在目标、程度和烈度上会与其所追求的目标相适应。特别是在冷战时期，恐怖主义经常表现为一种“以行为来宣传”模式。恐怖主义是为媒体准备的一个剧场。但是冷战结束以后，特别是“9·11”事件爆发以后，恐怖主义发生了巨大的变化。暴力活动及其所造成的伤亡，并不仅仅是为了造成恐惧气氛和迫使有关国家和国际社会让步，其本身就是实现其宗教目标的一个重要环节。

第三，与几乎所有国家为敌。旧恐怖主义往往与国家间冲突有关，恐怖主义经常成为有关国家从事非对称战争的一种工具，恐怖组织也经常可以从有关国家获得援助。事实上，对于当时的很多国家来说，恐怖分子有两种：一种是“我们”的，一种是“敌人”的。但是宗教极端主义则不愿意与任何国家，特别是现代世俗国家为伍，他们“并不想在桌子上获得一个位子，而是想彻底摧毁这张桌子和坐在桌子旁的每一个人”。除了已经被美国推翻的阿富汗塔利班政权以外，再也找不到一个与基地组织为伍的国家。很多国家，包括伊朗和伊拉克萨达姆政权在内，都与基地组织有着激烈的意识形态冲突。所以，当代宗教极端主义其实是站到了当代世界的对立面，很难从国家层面获得援助。这迫使很多宗教极端组织虽然有时也会从一些合法的工商业活动和慈善机构获得资助，但是在大部分情况下只能与贩毒、走私和制售盗版商品等跨国有组织犯罪活动相结合。

第四，小型化、当地化、有自主行为能力的恐怖组织分支盛行。传统恐怖主义以建立一个世俗国家或世俗政权为目标，其组织结构也往往表现出与国家类似的等级制特征，经常拥有一个中心指挥体系。但是，当代恐怖主义由于目标不同，所受到的打击和压力也远远超过旧恐怖主义，再加上全球化所带来的信息流通便利，网络化、扁平化遂成为当代宗教恐怖组织的主要结构特征。宗教恐怖主义对当代世界的最大威胁,并不在于基地这样的特定组织。最大的危险反而在于:宗教极端主义会像"蠕虫"病毒一样传播,利用当地的资源建立自服务分支机构。这种分支机构并不需要等待上级组织的命令和指挥,本身具有资金筹集、行动策划和从事恐怖活动的全部功能。恐怖主义的这种转变,与美国打击国际恐怖主义的努力有关。在庇护场所被摧毁以后,基地等大型恐怖组织的职能发生了重大变化:从具体策划、组织恐怖活动,转向对各国的恐怖分子和基层组织进行意识形态方面的领导,主要发挥宣传功能和示范效应。2003 年伊拉克战争爆发以后,伊拉克境内的一些极端组织自动向基地组织的意识形态靠拢,而英国和西班牙等西方国家的一些极端组织也出现基地化的倾向。这对目前的国际反恐机制是一个非常严峻的挑战。

后冷战时代恐怖主义的快速发展,主要跟四个新形势有关:

苏东集团崩溃,苏联解体以及两极世界的结束,破坏了作为旧的权力平衡体系的所谓制约机制。

苏联解体成独立的共和国,苏联式的共产主义作为一种替代意识形态的消失,曾经的东欧集团的变化,以及美国作为唯一超级大国的新的地缘政治现实,这些因素释放了民族、宗教和伪宗教的狂热,导致了未达到目的而诉诸灾难性恐怖主义的运动和团体的出现和壮大。

越来越多的人对现代化和全球化的某些方面持反对态度,这是导致激进的宗教和种族团体出现的因素之一。

航空的发展和通信技术的进步使恐怖组织能够将其成员派遣至遥远的地方开展恐怖活动,并利用全球通信网络和媒体进行内部通信和对外宣传。[①]

三、恐怖主义的定义

从上面的叙述我们可以看出,恐怖主义这一术语的使用随着时间的推移有着巨大的改变,它最初泛指政治暴力行为,然后延伸到那些未掌握国家或政府权力的人对当权者的暴力行为。在这种背景下,一些人对恐怖主义暴力的认识是给予部分肯定的。1878 年 1 月 24 日,俄国"土地与自由社"成员维拉·查苏利奇用枪打伤圣彼得堡警察局长特列波夫。在法庭上,她称自己是一个恐怖分子,不是一名杀手。

---

① [美]布丽奇特·L. 娜克丝:《反恐原理:恐怖主义、反恐与国家安全战略》,北京:社会科学文献出版社,2016 年,第 63—64 页。

由于无政府主义者严格选择袭击对象，一般不会伤及“无辜”，只针对特定的个人实施有选择的恐怖活动。因此，有人将俄罗斯的恐怖分子称为“高尚的、令人恐惧的、集烈士与英雄于一身”的人。即便是今天，由于恐怖主义具有强烈的政治性，不同政治立场的人对同一行为的评价可能大相径庭，“一个人眼里的恐怖主义者却是另一个人眼里的自由斗士”；而且由于形势的变化，同一主体在不同时期对恐怖主义的态度可能截然相反。

虽然人们可以对某种特定行为是否构成恐怖主义各持己见，但恐怖主义这一概念在某些方面是根本性的。第一，恐怖主义具有政治性质，它企图以激进、暴力的行动实现政治目标。第二，恐怖主义蓄意针对无辜民众。①

《中华人民共和国反恐怖主义法》第3条，对“恐怖主义”概念进行了界定：“本法所称恐怖主义，是指通过暴力、破坏、恐吓等手段，制造社会恐慌、危害公共安全、侵犯人身财产，或者胁迫国家机关、国际组织，以实现其政治、意识形态等目的的主张和行为。”据此，“恐怖主义”的内容包括四个方面：(1) 恐怖主义的表现形式包括主张和行为；(2) 恐怖主义的手段表现为暴力、破坏、恐吓等；(3) 恐怖主义的直接目的是制造社会恐慌、危害公共安全、侵犯人身财产，或者胁迫国家机关、国际组织；(4) 恐怖主义的最终目的是企图实现其政治、意识形态等方面的目的。

在对恐怖主义的界定上，以下问题需要深入思考：

其一，只有行为才能成为刑法规制对象，但反恐法为何将恐怖主义的表现形式规定为“主张和行为”，未将其局限于行为？

其二，出于私人报复等目的实施的极端暴力行为属不属于恐怖主义？

第二节　恐怖主义的主体和目的

一、恐怖主义的主体

对恐怖主义主体的认定的争议，主要集中于三方主体：个人、国家、组织(团伙)，但争议最大的还是个人与国家。

1. *个人恐怖主义指由个人实施的恐怖主义犯罪活动*

个人恐怖主义犯罪存在两种争议类型：为了表达某种政治、信仰等意愿，虽未

① ［美］奥德丽·库尔思·克罗宁、詹姆斯·M. 卢德斯：《反恐大战略：美国如何打击恐怖主义》，北京：新华出版社，2015年，第5页。

加入任何恐怖组织，但受极端思想的影响，由个体行为者策划、实施的暴力犯罪活动。个体为发泄对社会的不满而实施的极端暴力犯罪，有时也被视为恐怖事件。

在这里，一种行为是被定义为“恐怖事件”还是“犯罪”的依据具有模糊性。人们有时是以暴力行为的严重性、造成的损害，特别是无辜人员的伤亡数作为区分两类行为的主要依据。如1995年，蒂莫西·麦克维(Timothy McVeigh)和特里·尼克尔斯(Terry Nichols)以联邦政府在1993年韦科惨案中针对大卫教派的行动失当导致多人死亡为由，制造了俄克拉何马城艾尔弗莱德·P.默拉联邦大楼爆炸案，造成168人死亡，这两人就被美国司法部门定性为恐怖分子。

因此，一般而言，恐怖案件的制造者并非普通罪犯，而是存有政治动机的，对此，人们已有共识。但也有从事件造成的后果来定性的情况，如作案者的行为对国家的政治、社会或社会经济结构构成的威胁。

2. 国家恐怖主义，是指由国家实施的恐怖主义行为

多指不遵守国际社会制定或形成的现有行为规范，采取国家行为体的形式，为达到某种国际政治目的，自己或通过支持其他恐怖组织来对他国平民、政府和武装人员进行非常规的暴力或军事报复打击行为。“国家恐怖主义”包括对内的恐怖行为和对外的恐怖行为。前者指一国的统治者为了维护其统治地位，通过暴力手段袭击本国国内特定的公共人物或杀害特定群体的不特定个体以威慑反对势力；后者包括针对他国平民、政府和武装人员使用或威胁使用非常规暴力的恐怖主义行为和国家为实现自身政治目的，暗中支持或直接控制恐怖组织，通过恐怖组织对其他国家政府或平民实施犯罪的行为。

对于国家恐怖主义的认定，由于不同的人对行为完全一样的政治企图往往会做出完全相反的定义，因而容易产生较大的分歧。正如有研究者认为的，“9·11”事件造成了3 000多人死亡，而美国动用了世界上最强大的军事力量，几乎把阿富汗的土地翻了个遍。美国的战术就是通过强大的武力造成压倒性恐惧以摧毁塔利班政权和军队的战斗意志，打击“基地”组织支持者和同情者的信心，鼓励其反对派的发展，以达到在阿富汗土地上消除“恐怖主义温床”的目的。这与“9·11”策划者的策略没有本质性区别。[1]

许多研究者和政策制定者关注国家在支持跨国恐怖主义行为中的作用。赞助国家的支持通常是恐怖组织实施重大和破坏性的国际恐怖袭击时必不可少的条件。

---

① 张家栋：《恐怖主义论》，北京：时事出版社，2007年，第70页。

一些研究者甚至认为,国家是国际体系中潜在的最危险的恐怖主义罪犯,因为国家积累的资源最多——包括武器、金钱和人力,也有最强大、最持续的动机——利用恐怖主义作为打击更为强大的国家的手段。

3. 恐怖主义组织(团伙)

传统上,恐怖组织一般是由恐怖分子结成的封闭、秘密的小团体,形成层级领导结构,成员之间定期联系。恐怖组织往往采取分工合作的方式发动袭击。随着通信、互联网技术的发展,恐怖组织正在演变为不同于传统的模式,越来越多地采用分散的、非层级的基本结构,通过互联网和卫星电话等技术手段进行联系。虽然是受到共同的意识形态或宗教的宣教和启发,但各独立团体在国际上仅保持着松散的联系。新型的恐怖主义组织结构扁平,以恐怖主义事业为驱动力,强调个人的主动性。

二、恐怖主义的目的

恐怖主义的目的通常包含两种：一是直接目的,即通过暴力恐怖事件,制造社会恐慌;二是根本目的,即通过制造社会恐慌,希望实现政治、宗教、社会目的。这里的直接目的是指恐怖主义犯罪的犯罪目的,根本目的是指恐怖主义犯罪的犯罪动机。需要重点思考的是恐怖主义的最终目的,即恐怖主义的动机。

1. 恐怖主义的最终目的是否仅限于政治目的

20 世纪 60 年代末以来,恐怖主义的政治性已经在全球达成共识,但恐怖主义是否仅限于政治目的?

恐怖主义必须出于政治目的,这是区分恐怖主义犯罪与一般犯罪的分界线。一般犯罪作案者的动机是个人收益、满足和物质。政治目的则是恐怖主义犯罪的主要特征,是认定恐怖主义犯罪的必要条件。恐怖主义的目的不限于政治目的,也可以包括宗教、经济、社会等其他意识形态的目的。

2. 恐怖主义的目的是否具有一定的正当性

恐怖主义的犯罪目的是否存在正当性? 有研究者认为恐怖主义的目的未必一定是非法的、不正当的,即认为正当的目的也可能导致恐怖主义。伊斯兰国家认为恐怖主义的目的一定是非法的,如果目的合法就不是恐怖主义,现实中确实存在所谓"一个人的恐怖分子是另一个人的自由斗士"的说法。因此,鉴于不同国家,不同政治、民族、宗教等社团对恐怖主义的认知存在差异,对恐怖主义的目的是否具有一定的正当性较难形成共识。

3. 目标是平民还是非战斗人员

与作战双方都将目标确定为对方的武装部队士兵的常规战争及军事冲突不同，恐怖分子往往随机确定平民及无辜旁观者为目标，或者挑选一个或多个国家的平民，或者是特定宗教、种族或民族团体的成员作为加害对象。在恐怖分子看来，目标是否军事人员并不重要。

4. 目的正当是否意味行为正当

行为是否正当，应该由行为的目的、损害的对象、采取的手段、造成的结果等几个方面来共同决定，而不是仅仅依据目的是否正当来判定。恐怖分子不能借口目的的正当性来主张其行为的正当性。由于恐怖主义的手段极其残忍、后果极其严重，不具有行为的正当性。

第三节　恐怖主义的手段

一、爆 炸 袭 击

从历史上看，对特定场所进行爆炸袭击是迄今为止恐怖分子最常用的方法，其次是不同类型的恐怖自杀式炸弹袭击。

恐怖分子之所以热衷于使用炸弹制造恐怖事件，其主要原因在于：

首先，爆炸事件更容易获得大众媒体的曝光。恐怖分子制造恐怖事件往往就是要引起人们对恐怖主义所追求的目标的注意，利用炸弹制造恐怖事件由于具有强烈的视觉效果，容易引起人们关注，恐怖分子因此就倾向于使用爆炸袭击的手段。

其次，恐怖分子之所以喜欢爆炸这种方式，是因为没有其他工具能比燃烧或引爆装置更便捷。并且这是一个很容易学到的，对行凶者风险最小的技术，爆炸可以在可控的距离和时间进行。设置定时器装置可以让恐怖分子在他们选定的时间内引爆炸药。爆炸可以以多种方式进行，在多数情况下，几乎有无限多种操作方法。恐怖分子所使用的炸弹大多是自制的，而制造简陋但威力巨大的炸弹所需的看似无害的材料可以在自由市场上购得。关于炸弹成分以及混合或组装的具体说明都是现成和合法的，可以在书店、图书馆或网上查到。例如，1993 年在美国纽约制造世贸中心爆炸案的装置就是用普通的、街上能买到的材料（如尿素、硝酸盐、化肥和柴油）制作的，费用还不到 400 美元。这次爆炸事件造成 6 人丧生，1 000 余人受伤，造成的经济损失达 5.5 亿美元。

再次，随机性的爆炸可以引起人们的极大恐慌。相比于其他恐怖手段，在某些场所（如大型商场、地铁、飞机、公共汽车）随机性地实施炸弹袭击可以引起人们的巨大恐慌。

二、挟持绑架

挟持人质是恐怖分子最常用的手段之一。恐怖分子通过挟持人质向执法人员（包括警察、反恐怖部队）和政府（在国际恐怖主义的情境中可能会涉及外国政府和国际组织）来提出自己的要求。通常来讲，挟持被绑架者的动机有以下几种：(1) 在作案现场遭遇警察或见义勇为的民众，为了从现场逃跑而挟持人质；(2) 为了使恐怖组织或自己名扬天下，通过挟持人质引起公众的注意或同情；(3) 为了使政府或者组织改变某项政策或规则；(4) 为了营救被关押的同伙；(5) 为了复仇或发泄不满；(6) 为了获得赎金。[①] 从20世纪60年代末开始，劫持航空器一度是恐怖分子首选的策略。80年代后劫机数量开始减少。

三、导弹、激光器袭击

随着恐怖分子获取金融资源能力的提升，他们可以不必依靠自制炸弹发动恐袭，而是通过购买火箭弹、手持导弹发射器、激光器，对飞机、轮船、地面固定设施实施致命袭击。导弹的来源或者是明里暗里实施、支持恐怖主义行动的国家或组织，或者是几乎遍布各大洲的黑市。

四、大规模破坏和大规模杀伤

城市化的发展以及通信、运输技术水平的提升，固然给人类生活带来很多便利，但也给恐怖分子袭击目标客观上提供更多、后果更严重的选项。如对城市生活设施和大型交通工具进行投毒；对关键地域的通信设施、电网和快速交通工具进行破坏；对互联网发动物理攻击并辅以网络攻击；CBRN（化学、生物、放射性和核）武器。随着苏东集团解体，一些原本在俄罗斯和东欧开发核武器和生物制剂的科学家和技术

---

① 杨隽、梅建明：《恐怖主义概论》，北京：法律出版社，2013年，第135页。

人员生活困顿，无论是通过官方渠道、俄罗斯黑手党，还是通过一些被拖欠薪资的科学家，那些危险的武器及其相关的专业知识都有可能流入到那些被认为跟恐怖组织有关联的国家手中。化学和生物制剂均能通过恐怖组织犯罪活动在政府实验室获得，或者在公开市场中购买。而核武器，一旦落入恐怖分子手中，将会形成终极恐怖威胁。

五、独　狼

“9・11”事件后，随着欧美等国反恐战争的持续推进，传统恐怖主义势力受到极大打击，国际恐怖组织已经渐渐失去在欧美等国发动大规模恐怖袭击的能力。这时候，以“独狼”为代表的“化整为零”式恐怖袭击，逐渐在暴恐行动中占据重要地位。

所谓的“独狼”式恐怖袭击，并不是恐怖组织派出的职业恐怖分子开展的袭击，而是既无上线、又无下线的一两个“独立人”，在受到恐怖组织蒙骗、激进教育后，通过网上受训或自制装置在本土发动的恐怖袭击。据统计，“9・11”事件后发生在美国本土的重大恐怖袭击事件，几乎全部都是“独狼”实施的。尽管“独狼”式恐怖袭击事件与国际恐怖组织有着千丝万缕的联系，但却并不一定真的由恐怖组织策划实施，这些通过网络等间接途径被极端主义“洗脑”的恐怖行为，有时候对于恐怖组织而言属于“意外收获”。近年来“独狼”式恐怖袭击包括波士顿马拉松爆炸案、挪威“7・22”爆炸枪击案、法国图卢兹连环枪击案、美国奥罗拉影院枪击案等。

开展“独狼”式恐怖袭击的袭击者，其恐怖主义思想往往滋生于本土。恐怖组织主要通过频繁发布极端思想和涉恐信息等方式，不断刺激潜在受众出现极端化，进而号召这些被“洗脑”的人直接进行“独狼”式恐怖袭击。他们主要通过社交网络发送恐怖动员信息和战术建议，只需制定出明确的战略目标，随时就可自行策划并完成恐怖袭击行动。通过这种支招并发布攻击信息任务的方式，恐怖组织迅速形成了“去中心化”的散点式恐怖行动。“独狼”式恐怖袭击者还有相当一部分是接受过专门的恐怖袭击教育的。他们当中，有相当一部分人经过战争历练，不仅思想上冷漠激进，而且具备了一定的军事技能和爆炸物品使用经验，加剧了“独狼”式恐怖袭击的威胁性。近年来，“独狼”式恐怖袭击甚至还出现了不事先与恐怖组织或其他激进分子协商，自主决策直接“单枪匹马”开展恐怖袭击的新趋势。在此基础上演变的“独狼”式恐怖袭击，成本低廉、袭击方式多样，渐成随意的报复社会行为，相关部门基本上无法对恐怖分子可能袭击的时间、地点和方式提前预知。而“独狼”式恐怖袭击的威胁性和心理杀伤力丝毫不亚于传统的恐怖袭击,这种防不胜防的游击恐怖主义,将在未来相当长时间内持续困扰各个国家。

六、自杀式袭击

自杀式袭击在中东、东南亚、南亚、欧洲、北非和东非等地区的20多个国家泛滥,造成重大的人员伤亡和物质损失,对国际政治和当地社会产生严重冲击,成为威胁国际社会安全的一大公害。以色列学者肖尔・谢伊对自杀式袭击所做的定义,即“出于政治动机,在理智的情况下主动实施的预谋暴力行为。实施者或是一个人或是几个人。他们在实施行动过程中与选定的目标同归于尽。实施者事先计划的死亡,是行动取得成功的一个先决条件”。

自杀式袭击并不是一种非理性的暴力宣泄,而是暗藏理性思维的极端行为方式。自杀式袭击的理性特点主要体现在其所要达到的政治目的上。美国学者罗伯特・帕普(Robert A. Pape)认为,“自杀式袭击意在实现特定的政治目的:或迫使目标国政府改变政策,或争取更多的支持”。为达到此目的,自杀式袭击既被一些组织视为一种重要的游击战术,用来对敌方的军事目标进行“非对称性”攻击,也被恐怖组织当作主要的恐怖袭击手段,用来制造针对非军事目标的恐怖袭击,其实施方式主要是自杀式爆炸,包括人体炸弹和利用汽车、船只、马(驴)车等交通工具装载爆炸物发动袭击。也有的自杀式袭击利用交通工具与袭击目标相撞所产生的巨大能量来摧毁目标物,如劫持客机撞击世贸大厦的“9・11”袭击。某些极端组织偏爱自杀式袭击,是因为和其他袭击手段相比,自杀式袭击具有以下一些“优势”。

首先,自杀式袭击的杀伤性强,造成的恐慌巨大。作为一种以生命为武器的极端暴力行为,自杀式袭击容易引起社会关注和民众震惊,其造成的破坏和伤亡经媒体广泛报道后,可以在袭击对象国人民心中引起巨大恐慌。本・拉登曾这样评价“9・11”袭击:“美国从南到北、从东到西到处都惊恐不安。为此,我们感谢真主。”此外,实施自杀式袭击的组织往往在事后宣称负责并威胁还将有更多的袭击,以增强恐怖效应。

其次,成本低廉,操作简便。制造爆炸装置的技术并不复杂,一条人体炸弹袭击常用的“沙克希德腰带”成本不到100美元,汽车炸弹袭击所用的工具——汽车也很容易找到,袭击者能较容易地获得制造爆炸物所需的电子元件、炸药、填充物等材料,一些常见物品甚至日常用品也可以当作炸弹使用。例如,在英国格拉斯哥机场爆炸事件中，恐怖分子就利用丙烷气罐和汽油充当炸弹；伊拉克的极端分子常使用油罐车、煤气罐、普通家庭常用的消毒剂——氯气发动袭击。此外，自杀式袭击的操作简单，袭击者只需有必死的决心，不需要掌握高难技术。

再次，隐蔽性好，成功率高。现代安检技术很难检测出塑胶和液体炸弹，这为人体炸弹袭击创造了便利。近年来，儿童和妇女充当人弹的案例越来越多，因为这些人通常很少被注意；而穆斯林妇女穿着的大袍子很适合藏炸弹而不被发现，一般情况下又不可以对妇女搜身，增加了袭击的隐蔽性和成功率。自杀式袭击常选择防范薄弱、人员集中的平民目标，如集市、酒店、公共汽车、车站、地铁等，使得袭击很难被阻止。在袭击时，袭击者可以根据实际情况选择时机和地点，以造成最大程度的破坏。为防止引爆装置失灵、袭击者临时放弃或被制服等意外情况发生，策划袭击的组织通常还备有遥控引爆装置，以保证袭击的成功实施。

最后，对发动袭击的组织而言，自杀式袭击安全性高。自杀式袭击还有一项其他袭击手段比不上的“优势”，那就是实施袭击者在袭击中死亡，这样，发动袭击的组织便不需要为袭击者准备逃离路线和藏身之地——这正好是其他袭击中最复杂也是最容易出差错的环节，也就不必担心袭击者落到对手手中而泄露组织的有关信息。[①]

第四节 恐怖主义的根源

学者们一般从恐怖主义在特定的政治、经济、历史条件下的潜在存在，并且对特定政治、经济、历史条件做出的反应；从政策的制定和实施对恐怖威胁的性质、严重程度及形式产生的影响，恐怖威胁继而对未来政策决策的影响；从不同的因素导致（或促成）不同类型的恐怖主义；从赋予个人成为恐怖分子倾向性的内在人格等层面，探讨恐怖主义产生的根源。

在迈克尔·沃尔泽看来，将苦难和不平等看作是恐怖主义产生的根源是说不通的。他认为，比较政治学的一个简单思想实验可以帮助我们解释为什么它说不通。全球不平等的最严重后果当然表现在非洲，并且西方世界与不平等的产生与再生之间的关系在这里也最为明显。当然也有很多当地的原因，很多非洲政府要么是造成本国人民的苦难的共谋者，要么是直接的责任者。不过，西方世界起的作用相当大。

① 张雪鹏、肖宪：《自杀式袭击发展趋势及原因分析》，《现代国际关系》，2010年第5期。

可是流离失所的非洲人却并非产生恐怖主义的沃土。拉丁美洲也是如此,尤其是中美洲,美国公司在掠夺和维持这里的贫困方面发挥过重大作用:然而拉丁裔的离散者也没有产生恐怖主义。所以我们需要别的解释。

因此,迈克尔·沃尔泽提出,我们需要一种结合文化、宗教和政治的解释,这种解释必须关注的是如何创造出来一种大写的敌人——他们整个族群从意识形态或宗教上都被贬为劣等,这样就成为可供杀害的对象了,这种敌人是民族主义组织和宗教运动的独特创造,他们的目标不是打败而是根除或消灭“异类”(the “others”)。一旦这种敌人被创造出来,“他们”中的任何人都可以被杀死,无论男女老幼,无论战斗人员还是非战斗人员,无论军民。[①]

在亨廷顿看来,西方面临的根本问题不是伊斯兰原教旨主义,而是伊斯兰本身。国际社会将面对越来越多的恐怖活动,在伊斯兰世界与西方世界之间将发生一场大规模的冲突或对抗。他认为,在20世纪80至90年代,伊斯兰国家的整体趋势是反西方的;穆斯林憎恨西方的力量及其对伊斯兰社会和信仰构成的威胁,认为西方文化是物质主义、腐败、颓废和不道德的,是世俗主义的和无宗教信仰的,因而也是不道德的。持这种看法的学者在西方并不少。美国学者罗宾· 赖特就认为:“伊斯兰的复兴进一步鼓励了一个新的伊斯兰集团的形成。伊斯兰文化正日益填补着意识形态真空和帮助恢复这些伊斯兰国家间历史上的联系。”而在另外一方,一些伊斯兰极端分子也与其生活在西方世界中的同行一样,倾向于使用简便的反帝口号和把西方妖魔化。当被问及对文明冲突的态度时,本·拉登就回答道:“这(文明冲突)是一件非常清楚的事。”美国中央情报局前本· 拉登专案分析人员米切尔·休尔也认为,“目前,本· 拉登领导的力量与美国领导的力量之间的对抗,正在迅速地向文明间冲突的方向发展”,“西方与伊斯兰之间的暴力冲突将在可以预见的未来成为世界事务的主要特征”。

而在范可看来,将恐怖主义与特定的宗教联系在一起是一个理解的误区。历史上所有的宗教都有过暴力,但与恐怖主义不是一回事,尽管二者有重叠之处。宗教暴力与宗教有关,但宗教本身却未必是暴力之源。伊斯兰历史上确实存在着恐怖主义的土壤,但这绝非意味着伊斯兰必须为其现代极端主义者的恐怖主义活动负责。作为现代性后果之一的全球化,导致了人类社会关系的密集化。外来的文化和价值观念的冲击以及与现代性如影随形的世俗化,使伊斯兰社会出现了震荡,这是近一

---

① 迈克尔·沃尔泽:《论战争》,http://cul.sohu.com/20160103/n433293299.shtml.

二十年来伊斯兰活动密集化的深层原因,人类学有关本土社会面对外来冲击时所出现的“振兴运动”的洞见,可以作为理解现代恐怖主义的参照系和另外一种视角。

美国学者 Bridget L. Coggins 则用兰德公司收集的 1999 年至 2008 年间发生在 153 个国家的恐怖主义事件数据检验了“国家失败是导致恐怖主义的根源”这一命题。研究发现,国家失败与否并不先天性地与恐怖主义相联系,只有在那些最失败的国家,即在人民极度贫困、腐败严重、战争和政局动荡的国家,恐怖主义的发生率才会比其他国家显得更高。

Bridget L. Coggins 把在 1999 年至 2008 年间至少有一年时间出现上述某方面功能失调的国家定义为失败国家。国家失败也被具体化为 8 个大指标：用婴儿死亡率、人均 GDP、人类发展指数(HDI)来作为人身安全失败的指标;用政府效能、法治和腐败程度作为国家能力失败的指标;使用政治和政体不稳定程度作为政治崩溃的指标。这 8 个指标分别指代国家失败的某个方面;此外,还考虑了人口、政权持续性、内战、国际战争等因素。在探讨国家失败与恐怖主义的关系时,首先要回答的问题是：是不是所有失败国家都更容易产生恐怖主义？根据 Bridget L. Coggins 的研究,在控制国家人口数量、政权持续性和内战、国际战争的条件下,回归结果显示：国家失败与否与恐怖主义没有直接的联系。这里作为国家失败的指标主要是人身安全和国家能力两大类,在人身安全和国家能力两大类 6 个具体指标中,只在以人类发展指数作为国家失败指标的回归模型中,发现人类发展指数越高的国家,其经历和产生恐怖主义的可能性才会显著更高。但 Bridget L. Coggins 认为这个结果可能是样本选择有误所致,并足以说明国家人身安全失败与恐怖主义之间的存在联系。在控制变量中,人口数量、内战和国际战争对恐怖主义的发生率和产生都有正向的显著影响,即在人口数量越多,越是战乱的国家,其恐怖主义的发生率就会越高。随后,Bridget L. Coggins 在最失败的国家中检验了国家失败和恐怖主义的关系。同样,在控制人口、政权持续性和内战、国际战争的条件下,回归结果显示：当以人类发展指数作为国家人身安全失败的指标时,人类发展指数越高的国家,其经历和产生恐怖主义的可能性均会显著更低;当以腐败程度作为国家能力失败的指标时,国家腐败越严重,其经历恐怖主义的可能性就会越高。并且在政治崩溃的国家中,其经历恐怖主义的可能性也会显著更高。此外,作者还分别检验了恐怖主义的国内和国际发生率。回归结果显示：人均 GDP 会显著影响国内恐怖主义的发生率,国家的人均 GDP 越低,其经历恐怖主义的可能性就会越高。并且那些正处于政治崩溃的国家,其经历国内恐怖主义和国际恐怖主义的可能性均会比其他国家更高。

Bridget L. Coggins的研究对于理解恐怖主义有很重要的启示，它挑战了“国家失败导致恐怖主义”的传统观点，发现国家失败并非先天性地与恐怖主义相联系，而是在人类发展指数较低、腐败严重、政治崩溃的国家才会更容易经历和产生恐怖主义。这一结果揭示了恐怖主义产生的深层根源，因而，消除恐怖主义不仅要着手组织反对恐怖主义的行动，更应该着力消除贫困、腐败、政局动荡等滋生恐怖主义的因素。[①]

第五节 中国面临的恐怖威胁及其应对措施

随着国际恐怖主义威胁的蔓延，中国的反恐形势也变得十分严峻、复杂，与国际上的恐怖威胁发展趋势保持一致。以乌鲁木齐“7·5事件”为转折点，中国的恐怖威胁呈现高发态势。

一、中国面临的恐怖威胁

第一，极端主义思想对中国境内的渗透。中国境内本来并没有极端主义，中国也不是宗教极端主义的原产地，所有的极端主义思想都是外部输入的。在中国境内发生的暴恐行为基本都是境内人员受到了极端主义思想的影响，被极端化后在境外恐怖组织的授意下或者在某些特定条件下自行发动的。因此，中国目前所面临的最大恐怖主义威胁来自境外极端主义思想对境内穆斯林群体的渗透。

推动国际恐怖主义发展的伊斯兰极端主义思想的源头在中东与阿富汗。目前穆斯林群体中保守主义思想泛滥的原因也是由于受到了来自阿拉伯地区极端保守主义意识形态输出的影响。自21世纪以来，在我国西北地区，某些中东国家投资设立了大量的阿拉伯语学校，同时资助大量的中国穆斯林青年前往中东地区留学，这使得中国境内穆斯林群体变得日益保守，并为伊斯兰极端主义在中国境内的传播创造了条件。因此，伊斯兰极端主义的渗透是我国暴恐问题的主要根源。除了被极端主义思想影响后偷渡加入恐怖组织外，少数境内人员也可能在极端主义思想的影响下成为“独狼”恐怖分子，就地开展暴恐袭击，严重威胁人民群众生命财产安全，威胁

---

① Bridget L. Coggins：《国家失败会导致恐怖主义吗?》，*Journal of Conflict Resolution*，2015年第3期。

我国边疆地区社会稳定。

第二,新疆地区以民族分裂、宗教极端为诉求的恐怖主义威胁。在民族分裂恐怖主义威胁中,以谋求将新疆地区分裂出去的恐怖主义威胁最为严重。在新疆发动恐怖主义犯罪活动的集团主要有“世界维吾尔青年代表大会”(简称“世维会”)、“东突厥斯坦伊斯兰运动”(简称“东伊运”)、“东突厥斯坦解放组织”(简称“东突解放组织”,又称“东突民族党”)、“东突厥斯坦新闻信息中心”(简称“东土耳其斯坦信息中心”“东突信息联络中心”“东突信息中心”)。这些恐怖犯罪集团之间又具有千丝万缕的联系,“世维会”第一次会议的法律部部长是“东伊运”的副主席助理,而“世维会”也正是由“东突厥斯坦解放组织”与“世维会”共同召集其他相关妄图谋求新疆独立的恐怖组织而筹建的统一领导机构。上述恐怖组织中,最活跃的当数“世维会”和“东伊运”两个组织,比如近几年影响比较恶劣的天安门金水桥事件、昆明火车站暴力砍杀事件及乌鲁木齐火车南站暴力恐怖袭击事件都是由“东伊运”策划组织的;乌鲁木齐“7·5 事件”、叶城县袭击公安机关暴力恐怖案等都是由“世维会”组织策划的。[①]

第三,恐怖组织策划实施的各类恐怖犯罪从新疆开始走向内地城市。随着新疆地区恐怖主义势力大发展,恐怖组织为了增加影响,策划实施的各类恐怖犯罪开始走向内地城市。2013 年 10 月 28 日,北京天安门金水桥发生暴力恐怖袭击事件;2013 年 11 月 24 日,“东突厥伊斯兰党”发布视频认领此次恐怖袭击系其策划组织;2014 年 3 月 1 日昆明火车站发生严重暴力恐怖袭击事件,经查,系新疆分裂势力策划组织。2014 年 5 月 6 日,广州发生由“东伊运”策划组织的暴力恐怖事件。另外,近几年中东的伊拉克和叙利亚成为新的“圣战”热点地带,吸引各地极端分子前往。在我国,形成了一条以西部涉恐重点地区为源头,以内地省市为中转,以偷渡方式出逃东南亚,经土耳其进入伊拉克和叙利亚的“伊吉拉特”活动路线。我国边境地区的公安机关在查处偷渡案件过程中,查获了一些涉恐“伊吉拉特”人员。然而更危险的结果是,涉恐人员偷渡出境参加训练后再回流国内开展活动,或者出境不成,就地开展恐怖活动。在 2014 年昆明“3·1”恐怖袭击事件中,恐怖团伙就试图非法出境,但因部分成员提前暴露,而决定在昆明火车站实施恐怖袭击活动。[②]

第四,暴力恐怖犯罪的施暴者呈现多元化发展的趋势。在近几年的暴力恐怖犯罪事件中,北京“金水桥事件”的施暴者为一家三口,昆明火车站事件的施暴者为 8

---

① 白海娟、屈耀伦:《新疆恐怖主义犯罪的特点和新动向》,《南都学刊》(人文社会科学学报),2016 年第 6 期。

② 姜楠、段晨杰:《“长三角”地区恐怖主义威胁以及公安反恐情报的难点与策略》,《情报杂志》,2017 年第 8 期。

名维吾尔族人组成的小团体。而据新疆维吾尔自治区公安厅统计，自 2014 年 5 月 23 日开展严打专项行动以来，截至 2015 年 4 月 30 日，新疆公安机关打掉的暴力恐怖团伙达 181 个。而在新疆境内实施小型暴力恐怖袭击的更多的是单独的个人宗教极端分子。而在北京金水桥和昆明火车站实施的暴力恐怖犯罪中，分别有两名女性恐怖分子，昆明火车站暴力恐怖分子中甚至有一名是 16 岁的少女。而“三股势力”也开始利用女性普遍文化程度低、依附于家庭及亲人和较为感性、情绪易被控制的特征，实施“母亲工程”计划，在新疆培养少数民族女性骨干分子和自杀式人体炸弹。2012 年和田劫机事件被制服的恐怖分子来自尚未被公安部认定为恐怖组织的伊斯兰宗教极端组织“希支拉”，这个组织主要由 18 至 25 岁的青少年组成。由此可见，潜伏于新疆的暴力恐怖分子以及在新疆的潜在暴力恐怖分子，不再是以往的男性为主的特征，而是扩展至女性、青少年乃至老年。实施暴力恐怖犯罪者也出现了更多的个体和小群体。[①]

第五，网络恐怖主义日益成为新型的恐怖主义威胁。随着国际恐怖主义呈现出网络化发展的趋势，越来越多的恐怖组织利用互联网来宣扬极端主义思想、传递信息、招募组织成员，辅助其恐怖主义活动，使得我国面临的反恐形势愈发严峻。尤其值得关注的是，极端、恐怖势力利用我国政府无法监管的境外社交网络平台（如推特与脸书），国内暴恐分子与境外恐怖势力相互联络协调，培训暴恐分子、组织策划暴恐活动，严重威胁了国内安全与稳定，一段时期里国内发生的多起暴恐事件都与此有关。同时，恐怖组织在网络时代也发生了巨大的变化，其组织形态转变为一种以社会知识为中心的网络型组织。恐怖分子已经转变为一群“知识工作者”，十分善于利用其掌握的技术特别是信息技术来实现他们的目标。网络时代的社会组织已经从庞大的规模变成小规模，或者仅仅是独立个体存于不同的区域之中，同时网络也极大地放大了这些个人与小组织在各处分布式的实现通信、策划及散布恐怖的能力，这使得传统的侦查与打击手段在应对网络恐怖主义时显得力不从心。

第六，境外恐怖主义对境内的渗透威胁。当前在世界范围内，极端主义与恐怖主义呈疾速蔓延趋势，随着叙利亚动荡局势的长期化，无政府地区成为极端主义组织发展壮大的温床。目前在境外最为活跃的中国籍恐怖分子绝大多数为维吾尔族成员，他们主要分布于基地与“伊斯兰国”两个极端组织之中。在基地组织网络中他们主要集中在 TIP（突厥斯坦伊斯兰党，即东突）组织下开展活动。这些极端分子有

---

① 白海娟、屈耀伦：《新疆恐怖主义犯罪的特点和新动向》，《南都学刊》（人文社会科学学报），2016 年第 6 期。

很大一部分是从我国新疆地区偷渡出境，接受了极端主义思想后成为这两大恐怖组织成员的。

境外恐怖主义向境内的渗透，表现为与中国国内的一些恐怖主义势力的结合与合作。如“东突”势力一般采取境内外活动相配合的方式，并且与中亚地区许多恐怖主义、极端主义、分裂主义三股势力有联系。此外，一些国际恐怖主义势力还向新疆地区传播各种极端思想与分裂理念，提供行动指导、资金、训练、人员等帮助；与此同时，它们还吸收国内的一些极端分子参加国际恐怖活动。境外恐怖势力的渗透威胁还存在于国际恐怖主义组织寻求在中国募集资金，招募人员，组织、策划行动，等等。这种渗透最终可能导致恐怖主义势力对中国发动袭击；这种袭击可能是针对中国境内目标，也可能是针对在中国的外国目标。①

第七，境外恐怖主义威胁中国海外利益。我国境外利益的不断增加，使得境外恐怖主义袭击成了我国另一个主要反恐压力来源。随着“一带一路”的不断深入推进，我国境外的投资将大大增加，这也使得更多的中国资产与人员暴露在各种极端组织面前。“一带一路”所涉及的中亚与东南亚地区聚集着大量的穆斯林恐怖组织，而传统上比较安全的欧洲国家也正被日益严重的恐怖袭击问题所困扰。随着中国企业与人员数量在这些热点地区不断增加，针对他们的恐怖袭击发生概率也会相应提高。

相对于境内暴恐威胁，这些活跃于境外的中国企业面临的恐怖袭击将是多元化的。各种极端组织可能基于经济目的袭击这些中国目标，通过劫持或者绑架人员勒索企业；也可能出于政治目的对我方人员及资产发动恐怖袭击；更有可能由于当地不同势力的利益冲突而导致中方企业和人员成为泄愤与报复的对象。这些威胁来源广泛，成因复杂，与当地的政治经济和人文环境具有密切的联系。这一威胁最为典型的表现就是发生在巴基斯坦俾路支地区，以俾路支省解放军（BLA）与俾路支解放阵线（BLF）为代表的两支地方反政府武装力量发动了针对中国目标的袭击，以破坏中巴经济走廊的建设。

二、防范和打击措施

运用政治、经济、外交等手段综合治理，消除恐怖主义产生的根源。尤其是境外

① 王伟光：《恐怖主义、国家安全与反恐战略》，北京：时事出版社，2011 年。

势力不断强化对境内外的极端主义宣传以图征召更多人员为其效力，因此，在今后很长的一段时间内，我国反恐工作的主要重点在于防止极端思想对我国穆斯林群体的渗透。

对于境内的“三股势力”，公安机关会同有关部门依靠群众，坚持主动出击、露头就打、先发制敌和标本兼治方针，加强对“三股势力”的防范和打击。

与联合国及各区域、国家反恐机构加强协调，开展合作，形成合力。

反恐怖斗争事关国家安全，要坚持凡“恐”必打、露头就打，出重手、下重拳，给暴力恐怖势力以毁灭性打击，坚决把暴力恐怖分子的嚣张气焰打下去，坚决挤压暴力恐怖活动空间，以震慑敌人、鼓舞人民。建立健全反恐工作格局，完善反恐工作体系，加强反恐力量建设，加强反恐国际合作，筑起铜墙铁壁，使暴力恐怖分子成为“过街老鼠、人人喊打”。坚决遏制和打击境内外敌对势力利用民族问题、宗教问题进行的分裂、渗透和破坏活动。[①]

恐怖主义的产生和蔓延有着较为复杂的国际国内背景和历史、宗教、文化的根源，防范、打击和铲除恐怖主义，需要标本兼治。除了上面所提到的防范和打击恐怖主义的措施之外，我们还要按照习近平总书记所提出的，要把人民群众的事当作自己的事，把人民群众的小事当作自己的大事，从让人民群众满意的事情做起，从人民群众不满意的问题改起，做到对群众深恶痛绝的事零容忍、对群众急需急盼的事零懈怠，决不允许对群众的报警求助置之不理，决不允许让普通群众打不起官司，决不允许滥用权力侵犯群众合法权益，决不允许执法犯法造成冤假错案。要主动适应新形势，坚持多方参与、合作共享、风险共担，实现维护治安人人有责、人人尽责，努力建设领域更广、人民群众更满意、实效性更强的平安中国。

---

① 习近平：《让老百姓过上好日子——关于改善民生和创新社会治理》，http://cpc.people.com.cn/n1/2016/0506/c64094-28329147-2.html.

第八章　文化安全何以重要和何以可能

习近平总书记明确指出，“国家安全和社会稳定是改革发展的前提。只有国家安全和社会稳定，改革发展才能不断推进”，“保证国家安全是头等大事”。他提出了11种安全，即政治安全、国土安全、军事安全、经济安全、文化安全、社会安全、科技安全、信息安全、生态安全、资源安全、核安全。他认为，在总体国家安全观中，文化安全被视为“走出一条中国特色国家安全道路”的重要力量和保障。

问题

- 何谓文化安全？
- 文化安全重要吗？
- 当前我国文化安全受到哪些挑战？
- 如何维护我国的文化安全？

第一节　文化安全的内涵、内容及特征[①]

一、文化安全的内涵

1. 什么是文化？什么是安全？

要正确把握文化安全的内涵和特征，首先，要明晰该概念中“文化”与“安全”的含义。什么是文化？文化有广义和狭义之分。广义的文化是指人类社会历史实践过程中所创造的一切物质财富和精神财富的总和。狭义的文化是指精神文化，即人类的精神生产能力和精神产品，它包括：语言和逻辑、思想伦理道德、教育科学文

---

① 严兴文：《试论国家文化安全的内涵、特点和作用》，《韶关学院学报》，2007年第2期。

化、社会心理、生活方式等。无论是广义的文化还是狭义的文化都对人类社会发展产生了巨大的影响和作用,但对一个民族、一个国家兴衰发展影响最大并最终起决定作用的则是文化的精神形态。本专题中讨论的安全中的"文化"是狭义的文化,主要是指作为一个国家上层建筑的一部分、并能通过影响国民精神状态而导致民族国家兴亡的文化,如意识形态、价值观念、生活方式等。

什么是安全?安全,就是指不存在危险和威胁。安全状态,通常认为包括客观和主观两个方面。客观方面指外界状态,主观方面指人的心态。对民族国家而言,安全的目标不单在于要造就一种安全的现状,还要造就一种安全的心态。可见,安全可概括为客观上不存在威胁或危险状态,主观上不存在恐惧的心理和感觉。那么恐惧与威胁来源于哪里呢?它们来自外部和内部两个方面,如对国家主权、领土完整、国家政治独立等基本价值的威胁就是国家外部威胁;如对政府权威合法性的公开挑战、社会冲突、内战和其他威胁社会的事态和问题,就是社会内部的威胁。

2. 文化安全与国家安全的关系

国家安全作为系统安全,是以国家主权为基础,以国家利益为前提。国家安全包含了状态、力量和意志三个层面的内涵,具有层次性、动态性、多维性、模糊性的特征,同时又代表一种安全能力。文化安全作为国家安全的一个组成部分,必然具备国家安全的基本特征,还必须与国家安全的其他系统相区别,它属于软安全(也称软力量安全、精神力安全),是一种无形的力量资源,为深层次安全。它是建立在价值观念、社会制度、行为准则基础上的同化力与规制力,比硬力量更加隐蔽,更难于控制。特别是,随着信息技术手段在维护国家主权安全、军事安全、经济安全、环境安全等方面的广泛应用,各种安全逐渐交叉渗透,为维护国家安全而采用的文化手段本身的安全是当前维护国家文化安全的重要内容。

3. 文化安全的内涵

综上分析,我们认为文化安全是指一个主权国家的文化价值体系免于遭受来自内部或外部文化因素的侵蚀、破坏或颠覆,从而很好地保持自身的文化价值传统,并在自愿自主的基础上吸纳和借鉴一切有益的人类文化精神成果并不断创新发展。

二、文化安全的基本内容

1. 语言文字安全

语言文字是一个国家持久稳定的标志和符号,是保持和发展民族国家文化的重要内容。一旦一个民族国家的语言文字丧失，那么这个民族国家的国民的后代将无法欣赏其祖先留下的文化典籍，从而导致这个民族在文化上成为一个无根的民族，这将是文化最大的安全隐患。

2. 意识形态安全

意识形态安全是指一个国家占统治地位的思想政治意识不受侵害，使其稳定存在和健康发展。它是文化的核心和灵魂，决定着文化的性质和方向；意识形态的安全受到威胁，是文化安全致命的威胁。同时，意识形态安全是动态安全，没有哪个国家能构建和使用一种一劳永逸的意识形态，它必然会随着社会政治经济变化而变化。

3. 价值观念安全

价值观念安全，是指一个国家传统的和现存的价值观念在当代社会和广大国民中合理而有效地得以保持与延续，而不至于中断与消失。每一种社会都有一种占统治地位的价值观念体系，正是这种体系，规定着整个社会运作的内容和方式、运动的目标和方向，规定着整个社会的性质和面貌。价值观念变化将导致整个社会性质和面貌的变化。

4. 生活方式(包含风俗习惯及思维方式在内)安全

生活方式，是指人们在一定社会条件环境下形成的有关物质和精神、经济与政治、个人与社会等领域的言行模式，它是文化最集中的外在体现，是个人内在之价值观念的社会性外化。因此，一个国家与另一个国家在文化上的不同，外在表现为生活方式的不同，其冲突首先也体现在生活方式上的冲突。这种具有国别特色的生活方式，为国民的生活提供了稳定和便利的条件，因而也就成为一个国家在世界范围内保持其文化特质和民族特质的重要内容。

三、文化安全的基本特征

1. 具有独立性和相对性，即相对独立性

所谓独立性是指文化安全的含义在于文化领域，专指文化方面的斗争和较量。所谓相对性是指国家文化安全依赖于经济安全、政治安全、军事安全等其他方面的安全，与其他安全共同构成一个完整的国家安全体系。由于文化与经济、政治、军事的内在联系，因而国家文化安全的相对独立性将长期存在。

2. 具有较强的稳定性和隐蔽性

文化一旦形成，将保持一定的稳定状态，不会轻易受到外来文化的影响，因而文化安全是国家安全中最牢固、最不易摧毁的一种安全形态。同时,国家文化安全又属于软安全,即软力量安全或精神力安全。它是一种无形的力量资源,是隐藏于国家安全中最深层的那部分,即如何理解和看待世界的问题;它是建立在社会制度、行为准则基础上的同化力与规制力,识别和预警的难度大,难于控制。因此,文化安全的隐蔽性是其他安全难以比拟的。

3. 文化安全的浅层具有可侵蚀性和剥离性

文化具有发展性,因此,文化安全作为一种动态存在,其外层始终处于外来文化的冲击之中,所受的侵蚀最严重,也最容易被消解。因此,文化安全就呈现出这样一种状态:外层文化始终面临着与外来文化的激烈碰撞,而深层文化则处在坚固守卫的状态。

4. 文化安全具有民族性和阶级性

一个国家的文化安全首先体现为一个民族国家的文化,它是主权国家区别于其他国家的基本标志,如中国文化、美国文化、日本文化、德国文化、法国文化等,因而具有民族性的特征。同时,一个国家的文化又是占统治地位的阶级的意志的反映,代表着统治阶级的意识形态、价值观念、思想道德、政治信仰等,对其他阶级阶层的思想文化思潮具有引导、规范甚至强制的作用,因而又具有鲜明的阶级性。

第二节　文化安全何以重要

一、文化是民族生存和发展的重要力量

文化是民族生存和发展的重要力量。一个国家、一个民族的强盛,总是以文化兴盛为支撑的,中华民族伟大复兴需要以中华文化发展繁荣为条件。对于一个民族的生存与发展来说,文化具有至关重要的意义和价值。

首先,文化是维系一个民族存在的精神基础。文化是一个民族传承绵延的精神血脉,是形成民族归属感和认同感的精神纽带,是孕育民族气质品格的精神基因。一些社会成员之所以以“民族”相互认同并以“民族”结成共同体,是因为这些社会成员在价值观念、思维方式、伦理道德、风俗习惯和气质品格等文化血脉上具有相同共享之处。正是凭借着共同的价值观、共享的文化,人们才能够顺利地交流、集结、生存和发展。文化意义上的民族身份,构成了一个民族的精神世界和行为规范,凝聚着一个民族的精神力量,维系着一个民族的安全、自信和独立。如果一个

民族的文化认同受到挑战或质疑，则民族认同就会出现危机，进而孕育着国家危机。

其次，文化是推动一个民族发展壮大的重要动力。文化是无形的，但文化可以塑造人，可以创造科技，可以创设制度，并由此产生无穷的力量，去改造社会，推动民族的发展进步。一个强大的民族，与其说是其经济实力、军事实力强大，毋宁说是其文化科技实力强大，是其创造力强大。由于其拥有强大的文化实力和创新实力，它就能够保持创新优势，大力推进理论创新、科技创新、制度创新和知识创新，不断创造出新的产品、新的财富和新的文明。当今世界，文化与经济、政治相互交融、相互渗透，各种思想文化相互交错、相互激荡。文化的力量，深深熔铸在民族的生命力、创造力和凝聚力之中。国家的发展和强盛，民族的独立和振兴，人民的尊严和幸福，都离不开强大文化的支撑。文化在民族发展中的战略地位和重要作用日益凸显出来。

二、文化软实力是国家综合实力最核心的、最高层的力量

综合国力由物质力量和精神力量两方面构成。物质力量主要是指经济实力、军事实力、资源力等，尤其是指经济力。精神力量主要是指科技实力、民族凝聚力、文教实力等，尤其是指文化力。前者又叫“硬实力”，后者又叫“软实力”。在不同的时代和不同的条件下，物质力量和精神力量在综合国力系统中的作用和地位是不同的。在封建社会及以前，武力（物质力量）在综合国力中一直居轴心地位。在资本主义社会，金钱（物质力量）便成了综合国力的轴心。

当今世界，科学技术突飞猛进，知识经济迅猛发展，综合国力竞争日趋激烈。而综合国力竞争的一个显著特点，就是文化的核心地位和作用更加凸显。与经济、政治、军事的力量的增长越来越受到资源和环境条件限制不同，文化力量的增长具有很大的增长空间，并且文化的因素可以渗透于经济、政治、军事的因素之中，起到力量倍增器的作用。同时，随着经济全球化进程的加快，文化的交流和传播越来越成为各国相互关系的重要内容，文化的交锋和冲突也越来越成为国际冲突的重要方面，文化已经成为一种无形胜有形、“柔弱胜刚强”的软实力，对其他民族心理产生了很大的影响力、冲击力和征服力。因此，谁占据了文化发展的制高点，谁就能够在剧烈的国际竞争中赢得主动；谁掌握了先进的文化和科技，谁就能在激烈的综合国力竞争中取胜。

三、文化是经济社会发展的重要支撑

当今社会，文化与经济社会的相互交融不断加深。经济的文化含量日益提高，文化的经济功能越来越强，出现了“经济文化化”和“文化经济化”的新态势。所谓“经济文化化”，就是文化将取代劳动力、资本、财富而对经济的增长和发展产生第一位的决定性的作用。智力资源的占有、开发和利用成为经济快速发展的首要因素。科学技术的突飞猛进，给生产力和人类经济社会的发展带来了极大的推动。据测算，科技进步对经济增长的贡献率，20 世纪初仅占 5%—20%；到了 20 世纪五六十年代，这个比重已上升到 50%左右；而到了 20 世纪八九十年代，已高达 60%—80%。由此可见，科学技术对经济发展的推动速度越来越快，所占比重也越来越大。所谓“文化经济化”，是指文化已经成为一种产业，并在新经济的增长中起着重要作用，也是当今世界激烈的综合国力竞争的一个重要方面和新的特点，被称为 21 世纪的支柱产业。美国文化产业的产值占 GDP 的比重已由 20 世纪 60 年代的 2%上升到 12%；英国也由 3%上升到 10%；意大利则由当时的起步飞跃到 25%。美国、澳大利亚、加拿大和芬兰的文化产业就业人员占全部就业人员比例分别达到 20%、10%、6%和 5%。因此，不管从哪个视角看，文化对经济发展的贡献越来越大，已经成为经济发展的首要支撑。同时，从文化对社会发展的作用看，文化既规范着社会发展的制度、准则和价值观，又是维护社会稳定和谐的“润滑剂”“减压阀”，是实现人与自然、人与社会、人自身和谐的重要的不可替代的精神力量。如果没有一种普遍认同的制度体系、价值观念、思想信仰和行为规范，不注重人文关怀和心理疏导，就难以维护社会的稳定、有序与和谐。可以说，社会越发展，科技越进步，文化对经济社会发展的支撑作用就越强。

四、文化是人类的精神家园

人创造了文化，文化也塑造和滋养着人。文化对人来说，是一种精神上的内在需求、普遍需求和终生需求。文化是人类的精神家园。文化可以启蒙心智，帮助人认识社会，使人获得思想上的教益；文化可以愉悦身心、陶冶性情，使人获得精神上的满足和依归。先进文化能够给人以崇高的理想、坚定的信念和美好的希望；可以使人具有宽容的气度、创新的思维和理性的精神；可以使人具有厚重的历史感、强烈的现实感和明晰的未来感；可以使人求真务实、慎思明辨、境界博大；可以使人性情坦然、心态稳重、心灵充实。人们通过一定的文化，还可以交流思想、表达情感、建立友谊、丰富生活、提升境界。尤其是在现代社会，工作和生活节奏加快，竞争加剧，人们的精神压力很大，这就容易产生急功近利、心浮气躁的心态，甚至会产生怨恨、仇视等负面情绪。文化能够加强人的自身修养、塑造健全的人格和良好的意志品质，有效调节人们的情感和心理，用合理合法的方式表达利益诉求；能够促进人与人之间相互尊重、相互信任、相互帮助，形成良好的人际关系，维护和谐的局面。人类倘若失去了先进文化的支撑，人类的精神、思想、灵魂等便苍白无力、黯淡无光，既没有震撼人心的形象魅力，也没有叩击心灵的思想力量，也就失去了生活的价值和意义。

第三节　当前我国文化安全面临的挑战

一、威胁中国文化安全的外因

当前，我国文化安全的威胁主要来自西方。西方反华势力威胁中国文化安全的主要手法有三种：

1. 利用一切手段向中国意识形态领域发动进攻[①]

第一招：灭偶像。毁灭中国道德标杆，改树美国偶像。

在中国的微博微信以及各大论坛上，有不少抹黑中国道德偶像的微信公共账号、微博账号、论坛水军，几乎没有一个中国的正面偶像可以逃过他们的抹黑。例如，微信公号桃花岛主就常年向微信用户群发各种精心编造的文章，如，《笑喷了，数学帝分析雷锋同志拣粪》《“完美军人”欧阳海是怎样塑造出来的？》《“英雄少年”赖宁的真正死因》《“当代保尔”张海迪走下神坛始末》《掏粪工人时传祥的悲剧》《经不起推敲的邱少云》《焦裕禄的事迹是两个人拼凑起来的》《草原小姐妹遇险和被救的真相》，等等，这些微信公共账号、微博账号、论坛水军大多受西方反华势力支持，意在彻底摧毁中国人的道德模范。

第二招：毁信仰。针对中华文明世俗信仰下手，毁灭祖先崇拜，改造为洋人崇拜、基督崇拜。

中华民族是一个世俗文明的国家，推行的是祖先崇拜。社会经常通过这些先辈

---

① 转自刘先银的博客：《不可忽视西方文化的入侵》，http://blog.sina.com.cn/liuxianyinbj.

们的典故来教育我们“要勤奋好学”“要勤俭节约”“要与人为善”“要有素质”“要重视教育”等优秀价值观。然而在今天我们所特有的这种祖先崇拜的世俗文化却被美国文化冷战掺杂进了毒药。今天西方的文化冷战发起者用微信、微博、大V、论坛水军常年传播经过了重新编撰的一系列劝勉中国人“要勤奋好学”“要勤俭节约”“要与人为善”“要有素质”的典故和段子,但是这些段子里的模范和说教者不再是中国的老人,也不再是中国的先贤、先烈或先祖,而是千篇一律的外国人。譬如:《一个印度工程师所写:令人忧虑,不阅读的中国人》《英国人眼中的中国》《中国人在德国吃饭被训斥》,等等。这样的文章在论坛、微博、微信铺天盖地,每天都数以亿计地被人阅读着,深信着。中华文明祖先崇拜的牌坊就这样被悄然偷换成了外国人的塑像。

第三招:反人类。大搞种族歧视,打击当代以及下一代中国人的自信心,维持中国人的自卑感。

自信是个人、家庭乃至整个国家和民族保持旺盛势头的必要心理,但是现在美国正在利用互联网疯狂打击着中国人和中国下一代的自信心。美国从侮辱和贬低整个中华民族入手,拼命丑化中国人。他们编造或夸张炮制出《中国式过马路》《中国人丢人丢到国外去了》《中国人是世界上少数没有信仰的可怕国家之一》《不阅读的中国人》《中国人有10大不可思议》《中国:不遵守规则的世界》等虚假文章,在网上以点概面地丑化和诋毁中国人,全面美化外国人,甚至连《知音》《读者》这样的传统媒体上也比比皆是。我们要知道的是,这种针对一个民族的整体抹黑,在历史上只有希特勒对犹太人干过,而今天美国人也正通过网络如法炮制。

除了抹黑和打击当代中国人,打击下一代中国人自信心的文章和编造的段子也层出不穷,比如对比中美、中日以及中外小孩的水军文章也是铺天盖地,最知名的有《家长对比中美同龄女孩》《中日夏令营的较量》等,每天都有数以亿万计的人在浏览。在这些文章里面,中国的孩子总是千篇一律的:笨、傻、蠢、懒、呆、自私、猥琐、没礼貌、没孝心,还爱耍性子,而外国孩子个个懂礼貌、爱劳动、身体好、素质高、团结,还个个都是大孝子,脾气好得像天使……这些文章通过手机、电脑日夜对中国人洗脑,影响恶劣。

第四招:反智。传播伪科学,力推环保恐怖主义,打断中国工业化和科技进程。

近年来利用互联网疯狂丑化中国工业化进程,反智色彩极端严重。从《高铁乘务员因辐射流产》的谣言到《全球变暖,北极冰川融化》的骗局,再到《中国雾霾的元凶是煤炭里的放射性物质》《断子绝孙核电站》等等虚假谣言和文章在微博、微信以及各大论坛的疯狂传播,更是培养了大量的反智人群,加之博主大V的煽风点火,一场又一场的闹剧不断上演。从厦门PX工厂到昆明PX项目，从钼铜冶炼到启东造纸，从高铁受阻到江门核燃料棒项目被搁置，事件背后都有这些反智文章和段子的阴影。事实上，这些企业都是低污染的产业升级项目，中国的这些项目被打断之后，同样生产这些产品的新加坡、日本、韩国当即联手对中国实行出口涨价政策。

第五招：唱衰中国。近年来，从金融到科技，从教育到体制，从文化到创新方方面面都有人通过互联网长期专业散播各种中国崩溃论、社会不公论，从而打击中国年轻人的积极性。像这种《中国国情最新数据让人震惊》《中国不敢公开的大数据》《中国即将崩溃》等文章比比皆是，每年都有大量的文章从经济、政治、产业结构、国情数据等方方面面来论证中国不久之后就要崩溃。这些造谣文章用虚假数据极尽夸张扭曲之能，让中国年轻人对自己的未来，对中国的未来，对中国政府，对中国体制充满了不自信和抵触心态。实际上很少有人知道美国并非橄榄形社会，根据美国白宫自己公布的数据我们可以看到，美国40%的人只占美国总资产比的0.2%，也很少有人知道美国因经济衰退造成的华尔街暴乱持续长达一年之久，失业率至今居高不下。

第六招：先亡其史。全面诋毁中国历史，全面美化美国历史。

一些别有用心的网络营销账户或者博主大V肆意编撰谣言，在他们的倾力推动下，朝鲜战争被描述成了炮灰脑残战争，解放战争被描述成了窃取胜利果实，“洋人是解放中国的天使”。欲亡其国，先亡其史，试图以这种长年累月的历史虚无化攻击瓦解中国民心。反之，对美国的历史和人物则极度美化。

第七招：瓦解公信力。每逢灾难发生的时候，本来应该是全国人民团结一心众志成城地应对灾难，而这时所谓的博主大V们又开始行动了。利用灾难吸引人民眼球的时刻，他们火速行动，制造谣言，试图瓦解政府公信力。做到了每逢大灾必有大谣，每逢小灾也有大谣。比如，汶川和雅安地震，解放军救灾图片被描绘成了“欺负灾民”，网络大V博主指责是中国政府的体制问题才导致了北京下水道不如日本。同样，欧洲水灾几公里的铝合金防洪墙被吹捧成了体制胜利，而中国部队用沙包救灾画面则被描绘成了体制落后的象征。尽管欧洲的那几公里铝合金防洪墙被证明是贪腐工程而且被洪水冲垮，尽管中国很多地方也有钢制防洪墙，但这些信息被网站编辑和大V们统一无视和自动过滤了。

第八招：打击幸福感。把中国人所关心的所有话题和领域用海量谣言全面抹黑。

中国人民的生活水平日益提升，老百姓心态正从“解决温饱问题”改变为“提高生活质量”,因此食品安全、保健、健康、环境问题、婚姻家庭、自我实现等日益成为老百姓更为关心的话题。但是恰恰是针对这几个方面,有专门的人职业从事精确的定点抹黑。从“人造假鸡蛋”到“打针西瓜”,从“生蛆橘子”到“国产奶粉”,从“房价”到“医疗”,从“土壤”到“空气”,从“婚姻”到“前景”,从“科技”到“艺术”,所有中国人关注的焦点话题都无一例外遭到了有组织的虚假信息全面丑化和夸大扭曲。

实际上西方食品和药品安全问题百出,美国是激素使用最泛滥的国家,纽约的人均寿命更是低于北京和上海,而且美国的呼吸道疾病人口是中国的 4 倍,每 11 个美国人中就有一个患有严重的呼吸道疾病。但中国网民现在大多不知道这些,不少人误以为国外是天堂。

第九招:散播政治鸦片。美国长期有组织地通过互联网制造方方面面的谣言,其目的就是形成文化包围圈,架空中国的政治自信和道路自信,并最终通过推出虚假政治谎言来神化美国体制、丑化中国体制,以达到引发暴乱和和平演变的目的。在互联网上,除了对外国政治体制进行乌托邦式的描绘之外,他们还极力吹捧外国领导人。《骆家辉坐经济舱是体制胜利》《小布什自己打伞说明什么?》《美国为什么没有腐败?》等文章和桥段在微博微信以及各大论坛比比皆是。在这些文章里,西方社会和西方官员被包装成没有贪腐、亲民圣洁、害怕百姓、简朴奉公的形象,而这些形象的背后又直接指出是因为“体制问题”造成了这种差异,进而得出结论“只要中国全盘接受美国的改造”,就能将中国社会改造成他们所描绘的样子。

2. 在经济全球化背景下与我国进行激烈的人才争夺

一些“有远见”的西方政治家提出,要着眼于“在中国培养一批有实力的中间阶层”“社会精英”,并以此“推进”中国“民主化”,力图以西方价值观、政治观、民主观乃至思维方式、生活方式影响、“征服”和控制他们。其主要方式有:(1) 利用教育优势,不断从中国的高等院校乃至中学的优秀学生或家庭经济条件比较优越的学生中选拔留学生,并以高薪、优越条件等吸引其中的杰出人才留在国外;(2) 以法律的形式,鼓励拥有高技术专长的人进行“技术移民”;(3) 通过跨国公司在中国本土网罗高技术人才,培养和形成符合美国价值标准的所谓“白领文化”,并使其逐渐融化相当一批中国青年的生活方式,使之成为一种“时尚文化”;(4) 在被称为“社会的良心”的学者中,致力于扩大西方思想观念的影响,通过这个“基金”、那个“组织”,以对中国的敏感政治问题进行合作研究、资助研究或交流研究的名义,输入西方政治理念;(5) 以“政治避难”等方式,拉拢国内政治、宗教领域内的“持不同政见者”,培植西方政治思想武装起来的西方利益代理人,等等。

3. 利用经济手段进行文化“植入”

西方国家充分利用其经济强势，在“经济全球化”的基础上，进一步提出“政治全球化”和“文化全球化”，在不公平的国际政治经济秩序背景下，将突破发展中国家意识形态阵地作为实施“经济援助”或“市场准入”的条件之一，从而使单方面的文化“植入”成为一股汹涌而至的浪潮。

我们指出中国文化面临的外来威胁，并不排斥与世界上一切对我们有用的、先进的文化的交流，不是要因噎废食。恰恰相反，对以建立单极世界或单一化社会为目的的文化霸权主义保持必要的警惕并采取正确的应对措施，正是为了更好地学习和吸收人类社会创造的一切先进文明成果，发展中国社会主义性质的先进文化，更好地维护我国的国家安全。如果不是这样，我们势必要付出昂贵的代价。

二、威胁中国文化安全的内因

1. 对文化领域的斗争缺乏清醒的认识，是造成文化安全成为问题的直接原因

从现实情况看，我国和西方资产阶级政治势力在社会制度选择和意识形态认同上的对抗并没有因“冷战”结束而终结，反而因两极体系冷战的终结而凸显出来。西方对我国的意识形态攻势咄咄逼人，无孔不入。而我们无论在认识上还是在应对上都存在一些薄弱环节，突出表现在：

一方面，“淡化意识形态”的说法在一些领域，特别是社会科学研究领域和文化艺术领域颇有市场。我们的一些人，特别是某些主管意识形态工作的领导干部，对于西方企图渗透进来的东西，无论是其政治思想、资本运作方式，还是生活方式，往往在“非意识形态化”思想的支配下，自动地放弃了批判的武器。“淡化意识形态”的结果，就是放弃对意识形态问题的关注和坚持。有些人至今认为文化安全不是一个问题，提出这个问题似乎是杞人忧天，这种麻痹情绪本身就说明了文化安全问题的严重性。

另一方面，马克思主义的指导地位在思想文化领域有某种程度的削弱。新自由主义、新文化保守主义等各种思想在顽强地自我表现，与马克思主义的价值观相抗衡，这是不可否认的事实。有人把这种态势称为“多元化”而手舞足蹈。这就势必导致以封建主义和资本主义的意识形态削弱和取代马克思主义在意识形态领域的主导地位。

2. 商品化的倾向对思想、文化领域的渗透和泛滥是威胁文化安全的重要因素

第一,人本身的片面化倾向有所增强。拜金主义、极端利己主义思想日益泛化,个别人已经沦为挣钱的机器,有的是“穷得除了钱什么也没有”,也有的是“除了挣钱什么也不能做”。市场经济的竞争原则使一些人成为被动的、迫于压力才劳动的自私的人,因此,从交换价值的角度刺激、迫使人们的功能很强,而从人的全面发展角度去发挥积极性、主动性和创造性的功能则受到抑制。人的物化现象从根本上与此密切相关。

第二,劳动者的主人翁地位以及无产阶级的阶级意识受到巨大冲击和消解。承担着消除资本主义异化的历史使命的无产阶级,经济和政治上的一致性、直接利益与最终目标的一致性,变得模糊起来。集体主义等社会主义观念受到空前的挑战。

第三,文化本身在商品经济的侵蚀下日益失去自身的特殊性和独立自主性,有逐步蜕变为一般商品、成为赚钱工具的危险,要求文化事业遵循“市场经济规律”的论调在相当范围内存在。以上三个问题如不能有效解决,将使人们丧失文化上的鉴别和批判能力,为西方资产阶级的“文化侵略”提供可乘之机。

3. 我国文化建设的薄弱环节,也是造成思想文化领域缺乏对抗外来威胁“内应力”的内部原因之一

当前,我国文化建设中存在的突出问题是对马克思主义的宣传缺乏力度。实际工作中,在有的领域中马克思主义被边缘化、空泛化、标签化,在一些学科中“失语”、教材中“失踪”、论坛上“失声”。这种情况,如果我们不及时注意和采取措施加以制止而任其自由泛滥,后果就可能非常严重,这关系到党和国家的前途和命运。

第四节　文化安全何以可能

一、树立民族文化安全意识,高扬爱国主义旗帜

民族文化安全意识的树立,有赖于爱国主义在人的思想中的内在化。爱国主义是一面旗帜,是中华民族生生不息的力量源泉。改革开放以来,面对强劲的全球化浪潮,一些人国家观念、国民意识淡薄,崇洋媚外、奴化思想回潮,否定历史、数典忘祖的民族虚无主义倾向抬头。因此,大力弘扬爱国主义精神,在当前有着极强的现实意义。为此,一方面要更进一步激发全国人民的民族自尊心、自信心和自强意识,

加强民族的凝聚力。另一方面，要进一步激发全民族对民族文化的认同感和自豪感，提高抵御文化帝国主义渗透的能力。面对文化帝国主义的外部压力，只有人民热爱中华民族的悠久历史和灿烂文化，坚守民族文化的根才能有对民族文化安全保护的热切参与，才能有民族文化安全意识的真正树立，也才能自觉抵御西方文化价值观念的渗透。

二、网络传媒与语言工具并用，弘扬民族文化，抵制文化帝国主义

我们要加大信息产业的投入，促进具有自主知识产权的计算机技术和中文信息资源数据库的开发与建设，使互联网上有更多的中华民族文化信息。要积极探索网上信息国际合作的途径，始终不渝地以提高自身信息资源的开发能力、弘扬民族文化为目标。另外，我们也要在报纸、广播、电视这些传统新闻媒体上守住自己的思想文化阵地。针对西方敌对势力的谬论，有组织有计划地加大马克思主义的宣传，加大社会主义优越性的宣传，加大反对强权政治的宣传，利用真理的力量教育人民团结人民。同时，大力弘扬宣传中国的优秀民族文化，让世界上更多的人了解中国，提高我国的国际地位。

三、运用技术手段和法律法规规范网络运行

这里的技术手段和信息法律法规的基本任务就是保障信息安全、管理规范及促进技术发展和标准化。制定和强化技术手段以及法律法规，必须强调信息的自主，确认国家的文化主权。当前要突出抓好防计算机病毒、防泄密、防黑客闯入的技术和法律法规的研究和实施，防止敌对势力和犯罪分子利用网络盗取国家机密、干扰破坏金融秩序和社会稳定。要运用技术手段在国家内部网和外部网界上构筑信息海关，使所有内外连接都要强制性地接受信息海关的检查过滤，努力阻止“有害数据”进入我国网络系统，以达到净化网络空间的目的。要进一步加大中华人民共和国关于《计算机信息系统安全保护条例》等法规的宣传力度，努力打击网络犯罪，维护和规范互联网的正常运行。要根据现实和将来的需要修改和制定网上信息发布规范、网上信息审查监督、网络知识产权保护等法规，从而使我国网络的运行在我国文化安全的环境中进一步走向制度化和法律化。

四、建立国家文化安全预警系统

建立国家文化安全预警系统，就是要建立起全球化背景下的中国文化产业发展的安全“红线”，尤其是它的早期报警系统。通过对国际市场所谓“文化商品”的流动趋势及其以各种渠道影响和进入我国市场所可能导致对我国文化事业发展的威胁，特别是可能引发我国文化事业发展灾难性后果的不良趋势的分析，能够及时而准确地做出预告性和警示性反应。启动相应的国家机制，运用法律的、行政的、市场的和经济的等文化安全管理手段，对那些可能危及中国国家文化安全的文化因素和文化力量进行鉴别，从而把可能对中国文化造成生存与发展危机的因素和力量，牢牢控制在安全警戒的红线之下。要制定国家文化产业战略，在构建经济文化一体化的国民财富创新体系中，构建中国的文化产业体系，并进而形成足以抗衡美国文化及其商品形态大举入侵中国市场的力量，达到维护国家文化安全的目的。

五、全面推进中国国家文化创新能力系统建设

要在中国的思想文化界、学术界和艺术界，积极倡导“独立之精神、自由之思想”的文化创新的理想境界，广开言路，在宪法和法律所赋予的言论自由的范围内，鼓励人们在文化领域进行大胆的科学探索。健全和完善知识产权保护体系，保护公民在精神文化领域的合法权益。加大国家对文化创新能力系统建设的政策投入，制定政府为实现国家文化创新能力系统建设而必需的面向全球文化竞争的文化政策和产业政策。要关注文化原创成果的传播与扩散，关注它的产业化。只有这样，面向21世纪的中国文化在全球化和文化帝国主义入侵的背景下才可以获得独立自主的全新发展，而且也只有在这样的发展中，才能获得中国国家文化安全的全面保障。

第九章　经济全球化背景下国家安全风险的法律防控

21 世纪的世界，面临百年未有之大变局。世界经济新旧动能逐渐转换，国际格局和力量对比加速演变，全球治理体系正在深刻重塑。环顾全球，新兴市场国家和发展中国家崛起之势不可阻挡。地缘政治因素错综交织，全球经济复苏乏力，地区热点和全球性挑战此起彼伏。经济安全作为国家整体安全当中的一个重要方面，其重要性不可小觑。本章将探讨经济全球化背景下的国家经济安全以及如何从法律的角度对经济安全所带来的风险进行防控。

问题

- 什么是国家经济安全，具体涉及哪些问题？
- 经济全球化对国家经济安全的影响有哪些？
- 在经济全球化背景下，我国面临的经济安全问题是什么？
- 从法律的角度，如何应对由国家经济安全所引起的法律纠纷？
- 从法律的角度，如何更好地防控相关法律风险以及运用争端解决机制维护国家经济安全？

第一节　经济安全概述

2014 年 4 月，习近平总书记在中央国家安全委员会第一次会议上发表重要讲话，强调要准确把握国家安全形势变化新特点新趋势，坚持总体国家安全观，走出一条中国特色国家安全道路。[①] 国家总体安全以经济安全为基础，随着当前世界多极

① 资料来源：中国新闻网，http://www.chinanews.com/gn/2014/04-16/6067900.shtml，访问日期：2020 年 8 月 31 日。

化、经济全球化、社会信息化、文化多样化深入发展，经济安全的外延和内涵更加丰富，国家安全所面临的形势也更加复杂。

一、传统安全与非传统安全

近年来，现代国家面临的经济安全挑战还包括来自非传统领域的威胁。非传统安全最初是指政治和主权安全之外的安全，强调从国家安全向人类安全视角的转变。非传统安全危险的现实正改变着各国的安全理念与各国的安全环境。[①] 尽管如此，现实中应对传统与非传统安全的主体仍然以国家为主。正如国家安全的含义随着时代发展不断扩大，国家经济安全的界定也随着经济形势的变化不断延伸。当前，经济安全主要表现在如下领域：

1. 金融领域

金融安全被认为是保护本国金融体系免遭外国资本损害以保持本国金融体系的稳定。[②] 全球金融危机唤起世界各国的金融安全意识，并将金融安全提高到国家安全的高度。发展中国家等新兴经济体获得大量资本流入，推动部分新兴市场过度金融化，部分金融创新在一定程度上脱离了实体经济发展，金融虚拟化步伐日益加快。同时，全球金融周期变化对全球信用的消长、跨国资本的流动、全球金融杠杆风险产生直接影响，导致发展中国家金融风险增大。[③] 金融安全直接关系到经济发展和国家经济主权。总体来看，影响金融安全的核心要素包括内部和外部要素。其中，前者包括经济过度虚拟化、金融体系的脆弱性、金融政策失误、外债规模结构不合理、监管效率低下，后者则包括国际资本的过度投机以及国际金融市场风险等。[④]

2. 投资领域

全球贸易摩擦背景下国际直接投资规模锐减。联合国贸易发展会议统计显示，至2020年全球外国直接投资已经连续五年下滑，由于新冠疫情的影响，预计外国直接投资将在2019年的基础上继续回落约40%，甚至可能跌破1万亿美元。[⑤] 发达国家不断出台投资限制措施或加强外资监管，出现投资审查泛化现象。各国对“国家

---

① 余潇枫：《共享安全：非传统安全研究的中国视域》，《国际安全研究》，2014年第1期。

② 李翀：《论国家金融安全》，《国际政治研究》，2003年第3期。

③ 严海波：《金融开放与发展中国家的金融安全》，《现代国际关系》，2018年第9期。

④ 王伟：《国家金融安全法治体系研究：逻辑生成与建构路径》，《经济社会体制比较》，2016年第4期。

⑤ 联合国贸易与发展会议：《2020年世界投资报告》，资料来源：https://unctad.org/en/PublicationsLibrary/wir2020_en.pdf，访问日期：2020年8月31日。

安全”的定义不断扩容，对外国投资采取更为审慎的立场是导致流入发达国家的直接投资大幅下滑的主要原因之一。[①] 在国际经济新格局下，特别是 2020 年初新冠疫情暴发以后，单边主义保护主义再次抬头，全球外资政策出现新动向，表现为：外资安全审查的范围从制造业扩大到金融业，新冠疫情暴发后部分国家和地区对外商投资的限制增加。[②]

3. 能源领域

在国际政治经济格局中，国际能源投资不仅与一国的能源储备、发展战略和国际地位相关联，而且还体现出国家的综合经济实力。在国际能源安全维护体系中，基础国际能源产品价格的波动往往将产生“蝴蝶效应”，引起全球经济波动。各国在经济发展和对外战略的制定中，无一例外地将能源投资作为国家能源安全的重点问题予以考虑。当前新冠疫情对全球经济的下行压力导致能源需求急剧下降、供过于求的形势日益严峻。[③] 此外，从经济与环境可持续发展的角度来看，对海外能源投资风险的高度重视实际上就是对资源合理配置促进经济可持续发展乃至对整个国家和民族生存问题的关注。特别是在全球能源类产品价格不稳定的情况下，投资母国往往会根据资源类投资的潜在风险提前做出应对，积极制定全球能源战略并确保本国的能源供应安全。

4. 税收领域

全球化时代背景下，从关税同盟、自由贸易区，到共同市场和经济与货币联盟，无不与税收有关。财政和税收权益的分配是全球化协调的核心。[④] 通常认为，传统的国际税收秩序要处理两个层面的关系，即一国政府与跨国纳税人之间的税收征纳关系，以及不同国家之间在对跨国所得征税过程中形成的税收分配关系。[⑤] 随着时代的变迁，传统国际税收秩序也开始受到一系列的挑战，包括全球化和数字化背景下，企业经营模式、组织形式和产品形态变化给传统国际税收规则带来操作层面的挑战，以及国际政治经济格局变化给传统国际税收秩序中的规则主导权带来的挑战。[⑥] 在此过程中，由于国际避税和税收竞争等一系列因素也可能导致税收流失风险，从而引发国家税收安全问题。

---

① 张宇燕：《全球投资安全审查趋紧，国际投资格局面临重构》，《国际金融研究》，2019 年第 1 期。

② 赵蓓文：《全球外资安全审查新趋势及其对中国的影响》，《世界经济研究》，2020 年第 6 期。

③ 富景筠：《新冠疫情冲击下的能源市场、地缘政治与全球能源治理》，《东北亚论坛》，2020 年第 4 期。

④ 李传喜：《经济全球化与我国的税收安全体系建设》，《财贸研究》，2004 年第 1 期。

⑤ 廖益新：《国际税法学》，北京：高等教育出版社，2008 年，第 7 页。

⑥ 张泽平：《全球治理背景下国际税收秩序的挑战与变革》，《中国法学》，2017 年第 3 期。

5. 互联网领域

大数据信息广泛来源于互联网,互联网的出现极大地推动了信息获取的便捷程度。然而,互联网数据在提供便利的同时,存在着信息泄露、网络诈骗、恶意攻击等安全隐患。当前,数据安全成为热点,一方面,国家安全和公众权益需要得到有力保障,另一方面,数据应用也应当得到有效推广。尽管互联网的应用程度在不断增强,其对国家经济安全仍可能存在一定影响,如增加了敏感信息泄露的可能性、降低了电子商务网站的服务稳定性以及互联网重要基础设施方面可能隐藏的安全隐患等。[①] 在互联网时代,互联网应用广度和深度的提高使得互联网对国家经济安全的影响程度也在同步增加,成为国家经济安全面临的新型重要挑战之一。

二、经济安全典型案例剖析

在经济安全各领域中,最为敏感的金融领域一旦出现金融动荡,就会立刻引起连锁反应和全面性问题,从而殃及整个经济活动,最典型的反面案例就是金融危机。此外,近年来部分国家安全审查日益频繁,也成为国家经济安全面临的另一个重要挑战。

1. 金融危机

经济全球化背景下,金融资产虚拟化程度加大,各国面临的金融风险也日益增加,金融市场的动荡及其影响力是前所未有的。以次贷危机为例,由于金融股市场的多层次化和衍生化,经纪商操纵贷款,贷款公司向不合格的借款人提供贷款,投资银行打包高风险抵押贷款,评级机构为这些证券化产品成为投资及产品盖章放行,所有这些行为构建的服务链条,叠加引发了“完美风暴”。[②] 早期次贷危机爆发后,投资者开始对按揭证券的价值失去信心,引发流动性危机。即使多国中央银行多次向金融市场注入巨额资金,也无法阻止这场金融危机的爆发。直到 2008 年 9 月 9 日,这场金融危机开始失控,并导致多个大型金融机构倒闭或被政府接管,继而引发全球金融危机。而 20 世纪 90 年代末发生的亚洲金融危机源于金融扩张的速度大大超过经济贸易增长速度,利用外资盲目追求经济高速增长,导致结构性生产过剩及

① 陈明奇:《中国互联网应用与国家经济安全思考》,《信息安全与通信保密》,2012 年第 1 期。

② 张陆洋、孔玥:《美国次贷危机大系统因素分析——对中国防范金融风险的启示》,《金融论坛》,2020 年第 2 期。

经济泡沫，是这场亚洲经济危机的根源。[①] 金融危机的爆发不仅给全球经济带来灾难性后果，对国家经济安全特别是金融市场也产生了深远的影响，深刻考验了金融监管规则和金融机构。

2. 国家安全审查

国家安全审查制度的重点在于降低或消除外国投资对国家安全的威胁，尽管这在一定程度上会与对行业的关注相重叠，如重点敏感行业。国家安全审查制度对于消除或降低外国投资对本国产业的控制具有重要意义，其实施阶段几乎可以贯穿投资的全部过程。国家安全审查是由投资者的政治性、投资项目的威胁能力以及国家安全的界限等三者构成的评估体系，审查机构通过系统的评估判断外国投资者所控制的投资是否会产生安全威胁，以及这种威胁是否触及国家安全利益而不被容忍。[②] 如 2020 年夏，美国总统特朗普政府以"国家安全"为由强令 TikTok 出售美国业务，否则将在美国被封禁。[③] 作为又一起中资企业因美国安全审查的原因而被要求强制出售的案例，TikTok 仅有 40 多天的时间完成转让。事实上，多家中国企业在海外投资过程中均受到国家安全审查的影响，包括禁止收购、终止项目等。近期，美国商务部连续并升级制裁华为公司，将华为子公司列入"实体清单"，[④]限制华为生产和使用替代芯片，[⑤]这意味着华为所有关联公司如果想向第三方芯片厂商购买芯片，必须获得美国的许可。上述以国家安全审查、防止规避国内法律为名义的制裁措施事实上对国际商务中的国家经济安全带来了严峻的挑战。

第二节　经济全球化与国家安全

经济全球化是社会生产力发展的客观要求和科技进步的必然结果。[⑥] 随着经济与贸易自由化进程不断深入，国际经贸规则秩序也在相应调整与重构，经济全球化进程中的国家安全受到普遍关注。

---

① 李东星：《美国金融危机与亚洲金融危机的比较分析》，《特区经济》，2019 年第 12 期。

② 王东光：《国家安全审查：政治法律化与法律政治化》，《中外法学》，2016 年第 5 期。

③ 亚布力中国企业家论坛研究中心：《从 Tiktok 遭遇看美国的安全审查》，资料来源：http://finance.sina.com.cn/zl/china/2020-08-07/zl-iivhuipn7389892.shtml? cre=zhuanlanpc&mod=g&loc=11&r=0&rfunc=42&tj=none，访问日期：2020 年 9 月 3 日。

④ 所谓实体清单，是美国为维护其国家安全利益而设立的出口管制条例。一旦被列入"实体清单"，其供应链将受到限制，即在未得到许可证前，美国各出口商不得帮助这些名单上的企业获取受出口管制条例管辖的任何物项。

⑤ 国际金融报：《美国商务部对华为限制升级！　38 家华为子公司被列入"实体清单"》，资料来源：https://baijiahao.baidu.com/s? id=1675286283847127586&wfr=spider&for=pc，访问日期：2020 年 9 月 5 日。

⑥ 习近平：《习近平谈治国理政（第二卷）》，北京：外文出版社，2017 年，第 476 页。

一、经济全球化发展进程

尽管困难重重,经济全球化具有客观基础,各经济体相互依存日益紧密,全球化深入发展大势不可逆转。

1. 经济全球化的积极推动力量

人类社会经历了蒸汽机技术革命、电力技术革命、计算机及信息技术革命,以及基于网络物理系统的出现并以智能化为代表的四次工业革命。与此同时,人类开始了全球范围内的交往活动,并建立起各类联系,产生了全球化现象。20 世纪 70 年代以来的经济全球化,是自由市场的全球新扩张,其不仅仅是贸易的全球自由扩张,而且是生产全要素的全球自由市场化配置过程。① 包括发展中国家在内的绝大多数国家希望参与经济全球化过程,融入全球体系并发挥自身优势,这在一定程度上推动了经济全球化的加速发展。

随着生产力的发展、资本的扩张,以更低的成本追逐更高的收益成为经济全球化的根本动因。随着各国经济往来的深入,国际贸易与跨国投资等经济交往活动深入发展。国际贸易的经济优势包括增加物品的多样性、通过规模经济降低成本、增加竞争并加强思想交流。② 包括比较优势、绝对优势、生产要素比例、技术差异和产品生命周期等在内的基本理论为国际贸易的开展提供了理论支撑。跨国投资与全球金融服务的兴起、区域合作与信息交流共享的加深、信息技术的革新与网络虚拟应用的崛起等一系列因素进一步推动了经济全球化的纵深发展。

2. 逆全球化行为的表现及影响

随着经济全球化的不断深化,世界经济基本上呈增长态势,直至 2008 年国际金融危机爆发。全球经济陷入结构性持续低迷,催生了反对、抵制全球化的"逆全球化"浪潮。其中标志性的事件有英国公民公投脱欧、特朗普当选美国总统后积极施行"美国优先"的贸易保护主义政策。③ 后金融危机时代尚未终结,发达国家经济普遍低迷、复苏脆弱,并与新兴市场之间存在着巨大分化。此外,经济全球化在带来经济繁荣的同时,也伴随着分配不公、环境污染、人权保障等问题。

经贸领域中的逆全球化现象尤为明显。随着贸易逆差的持续扩大,2018 年以来美国

① 李滨:《新全球治理共识的历史与现实维度》,《中国社会科学》,2017 年第 10 期。
② [美] 曼昆:《经济学原理:微观经济学分册》,梁小民、梁砾译,北京:北京大学出版社,2019 年,第 195 页。
③ 甘子成、王丽荣:《逆经济全球化现象研究:理论基础、本质透视及应对策略》,《经济问题探索》,2019 年第 2 期。

屡次挑起对中国的贸易争端，中美贸易摩擦不断，涉及领域也不断扩大。美国宣布退出《跨太平洋伙伴关系协定》(TPP)，退出已经签字批准的《巴黎协定》，重启《北美自由贸易协定》(NAFTA)，试图通过修订贸易规则、在新谈判中争取更多有利条款来促进美国经济增长，该行为导致单边主义盛行与保护主义抬头，导致全球贸易自由化的倒退。

欧洲主权债务危机的蔓延，加剧了欧盟货币政策的脆弱性，对欧元区乃至世界经济复苏带来不利影响。经过漫长的拉锯战，英国于 2020 年 1 月 31 日宣布正式“脱欧”，结束了其 47 年的欧盟成员国身份。

世界贸易组织（WTO）谈判进展艰难，争端解决机制上诉机构陷入“生死存亡”。在今后很长一段时间内能否构建包容社会主义市场经济体制成员和资本主义自由市场经济体制成员的全球多边贸易体制，是 WTO 改革绕不过去的门槛。① 世界经济格局失序与经贸形势复杂多变、潮流交错的最重要原因是原有经济化进程受阻，矛盾累积叠加。美国主导的全球化结构危机不断，自由贸易和开放市场不再被奉为圭臬，也成为孤立主义、保护主义、单边主义潮流的社会经济基础。② 逆全球化的动机源于所建立的国际经济秩序已成为其他经济体获取国际经济合作利益的保护伞，需要补偿损失并建立能够保护自身利益的新秩序。③ 尽管具有逆全球化的不确定性，全球生产与分工体系、价值链、区块链已经基本形成，经济全球化具有客观的运行基础，包容、多元、合作的全球化经济格局正在形成。

2020 年 1 月 30 日，全球新冠肺炎疫情暴发被世界卫生组织（WTO）宣布为“国际关注的突发公共卫生事件”；3 月 11 日宣布构成全球“大流行”。当前，多轮疫情仍在全球多个国家和地区蔓延，无情地夺走了近千万人的宝贵生命。全球抗疫，对各国是无法回避的大考，同时提出了世界必须直面的时代之问。这场突如其来的公共卫生危机也使得全球经济活动的热度骤然降温，从投资到贸易、从生产到消费、从实体经济到金融市场的震荡和断链风险，相关行业更是跌入“寒冬”。④

二、经济全球化背景下的国际规则构建

国际经济规则的形成、演变与发展离不开国家经济主权的让渡。当前，在国际

---

① 王新奎：《WTO 改革与经济全球化新趋势》，上海：上海人民出版社 2020 年，第 56 页。

② 王跃生：《世界经济或将进入多趋势并存的时代：表征、成因与未来》，《国际经济评论》，2018 年第 6 期。

③ 佟家栋、刘程：《“逆全球化”的政治经济学分析》，《经济学动态》，2018 年第 7 期。

④ 陈赟、刘丽娜、包尔文：《全球疫情的时代之问》，资料来源：新华社，http://xhpfmapi.zhongguowangshi.com/vh512/share/9014711? isview=1，访问日期：2020 年 9 月 24 日。

经贸规则"碎片化"背景下，新兴经济体区域一体化规则正在逐步构建过程中。

1. 国家主权让渡与国际规则形成

国家主权是国家基本权利的基础。国际法上的国家主权只能是国家对内的最高权力和对外的独立权。[①] 经济主权是国家主权的重要组成部分，也是国家主权在国际经济领域中的具体表现。随着全球化浪潮的兴起，传统的绝对主权观念受到冲击，国家主权让渡理论应运而生。全球化背景下，主权国家以国家主权原则为基础，将国家的部分主权转让给其他国家或国家组织等行使的一种主权行使方式被认为是国家主权的让渡。[②]

国家经济主权让渡是经济领域全球规则形成的必要条件。20 世纪 70 年代，联合国大会通过的《建立新的国际经济秩序宣言》明确了在各国主权平等、相互依存、协力合作的基础上构建新型国际经济秩序。全球普遍性国际组织和专门国际组织同各国共同发展了大量经济类国际条约、国际惯例，成为当前全球经济治理的主要规则。

例如，WTO 是处理国家间贸易规则的唯一全球性国际组织，其目标是确保贸易尽可能顺利、可预见和自由地流动。解决贸易争端是世贸组织的核心活动之一。自 1995 年以来，各成员方向世界贸易组织提起的争端达 596 件，该组织作出裁决 350 多项。[③] 作为全球投资领域内最为成功的国际公约之一，《关于解决国家和他国国民投资争议公约》(《华盛顿公约》)的争端解决机制(ICSID)成为当今全球层面唯一达成的多边条约下的争端解决机制。50 多年来，超过 70%的投资者—国家争端案件都是由 ICSID 处理的。其案件受理数量持续 20 年保持增长态势。[④] 国际货币基金组织 (IMF)是一个由 189 个国家组成的组织，致力于促进全球货币合作、保障金融稳定、促进国际贸易、促进高就业和可持续经济增长以及减少全球贫困。

上述政府间国际组织的兴起与运行，表明全球化进程中国家主权让渡的现实需要。应当说，国家、区域与全球利益的契合为主权让渡提供了空间，主权所有权与行使权的分离也为国家主权让渡提供了运作上的方便。[⑤] 随着各国经济依存度的加深，各国之间的相互协调合作也将促进国际交流合作的开展。

---

① 王铁崖：《国际法》，北京：法律出版社，1995 年，第 76 页。

② 李慧英、黄桂琴：《论国家主权的让渡》，《河北法学》，2004 年第 7 期。

③ WTO：Dispute Settlement，available at https：//www.wto.org/english/tratop_e/dispu_e/dispu_e.htm，last visited on 14Sept.，2020.

④ ICSID：Introducing ICSID，available at：https：//icsid.worldbank.org/en/Documents/ICSID_Primer.pdf，last visited on 12 Aug，2020.

⑤ 董宁博、刘凯、杨斐：《试析全球化时代国家主权让渡的现实可能性》，《国际关系学院学报》，2010 年第 2 期。

2. 国际经贸规则发展及其“碎片化”现象

尽管国际经济治理整体运行平稳，但实现全球经济领域规则体系化和协调性的目标仍然没有达成。国际经贸规则“碎片化”现象在国际投资领域中表现得尤为明显。自二战后，全球社会就曾对多边投资法制的确立作出不懈努力。然而，多边投资协定(MAI)的“流产”再次表明国际投资领域之间的尖锐矛盾难以调和。多边投资协议通常包含影响东道国政府、投资母国政府以及跨国公司三方的权利和义务，因而困难重重。除了国际投资争端解决中心、多边担保机构仍长期运作外，专门针对国际投资领域的综合性制度规范仍然缺失。国际投资谈判转向区域层面，正在或已经形成以强有力争端解决机制为代表的投资自由化内容的协定。

国际经贸规则“碎片化”现象不仅阻碍了经济全球化进程中国际规范的融合统一，而且在一定程度上加快了区域、双边层面规则谈判形成，催生了国际经济再平衡时期世界经济与国际贸易规则的调整与重构。

3. 全球价值链与区域经济一体化规则构建

当前，经济全球化已经从贸易自由化、制造业价值链分工深化向以高标准市场准入为主要内容的投资自由化方向发展。[①] 目前，全球价值链分工的深化导致国家间竞争格局的调整，一部分发展中国家的比较优势得以充分释放，分享了更多的“全球化红利”。[②] 但对于发展中国家和新型经济体整体而言，在参与全球价值链深入发展的过程中，不免表现为被动的选择与依附性、分工角色的竞争性和流动性、分工地位的低层次性与贸易利益分配的被剥夺性等。[③] 随着全球价值链深入发展，各国需要根据自身的实际情况来权衡参与全球价值的利弊，以发展中经济体为代表的国家已经进入并参与全球价值链体系，需要建立相应的政策框架，包括将全球价值链纳入发展战略、实现对全球价值链的参与、提升国内生产能力、提供强有力的社会治理框架、发挥贸易和投资政策及机构的协同作用。

尽管单边主义和反全球化浪潮时而反复，严重损害国际秩序的构建，但是全球层面正在经历国际规则重构的过渡期。各新兴经济体区域层面一体化的进展为经济全球化重新注入活力与契机。

近年来，随着亚太地区成为全球经济的新增长极，区域内的自由贸易协定(FTA)

---

① 赵蓓文等：《从应对挑战到积极主动——中国在经济全球化中的地位》，上海：上海社会科学院出版社，2019 年，第 17 页。
② 张磊：《全球价值链下的国际贸易统计》，上海：上海人民出版社，2015 年，第 174 页。
③ 张桂梅：《价值链分工下发展中国家贸易利益研究》，北京：经济管理出版社，2012 年，第 36 页。

迅速扩张，协议所包括的成员经济体交错重叠，形成了复杂的“亚洲面碗”格局，[①]形成了包括亚太经济合作组织、上海合作组织、东南亚国家联盟等在内的区域合作框架协议，《区域全面经济合作伙伴关系协定》(RCEP)也在逐步推进中。在该竞争性贸易自由化趋势下，各经济体相继作出经济自由化、削减保护壁垒、放松管制等改革，旨在进一步强化区域融合并构建全球价值链，提高国际市场的竞争力。

此外，近期非洲政治趋稳向好。特别是随着2019年非洲大陆自由贸易区协议正式生效，非洲一体化进程取得长足发展，更加凸显了非洲国家希望通过经济一体化进程迎接国际环境变化的挑战。[②] 在现代、可预测和统一的规则下，投资者将在非洲大陆享受商品、资本、服务和劳动力的自由流动。拉美地区具有倡导一体化的历史传统，太平洋联盟与南方共同市场主动融合，于2019年6月就签署自由贸易协定达成一致，涵盖政府采购、贸易便利化等多领域内容，[③]区域一体化进程加速发展。

第三节　经济全球化背景下国家安全可能面临的挑战

经济全球化是人类社会发展到一定阶段的一个不可逾越的过程，各国需要融入全球化的世界经济新格局当中。在此过程中，各国需要遵守国际经贸规则，并充分应对可能威胁国家经济安全的各类挑战。

一、金融秩序安全

金融危机后，尽管各主要经济体、国际机构努力加强金融规制与监管，然而经济全球化背景下，全球金融一体化程度加快、相互依存度提升，国家金融秩序安全仍面临如下风险：

1. 金融市场风险

当前全球经济金融体系中融资问题一直存在，地缘政治安全问题给区域和国家经济带来不稳定性。二战后建立起来的国际经济秩序和金融治理框架体系主要以美元为核心，尽管该体系对战后经济秩序的恢复发挥了重要作用。但是随着全球经济结构

① 盛斌、果婷：《亚太区域经济一体化博弈与中国的战略选择》，《世界经济与政治》，2014年第10期。
② 贺文萍：《非洲大陆自贸区协议签署：非洲一体化进程的里程碑》，《21世纪经济报道》，2019年7月9日。
③ 张勇：《后危机时代拉美地区区域经济一体化形势与展望》，《国际经济评论》，2020年第3期。

的变化,现行国际金融市场秩序话语权不对称问题逐步显现。当下国际货币体系的根本缺陷是由一国的主权货币充当了全球的信用货币。由于美联储货币政策的目标主要是国内通胀水平和就业率,其政策与全球经济的需求不可避免地难以一致。[①] 金融体系自身的固有风险以及货币政策的缺陷使得金融市场风险将长期存在。

2. 金融开放风险

在进一步扩大金融业对外开放的同时,金融开放与金融安全之间的关系也有待厘清。例如,中国在加入 WTO 时分别在银行业、证券业和保险业等金融领域开放承诺,表现为银行业、证券业、保险业市场准入以及资本项目的放松管制。[②] 中国改革开放以来,经济取得了长足发展,金融双向开放程度不断加深,但是不可避免存在一些隐患,例如房地产市场、股票市场、债券市场等金融风险越来越复杂多变,金融安全基础设施相对来说还不够完善、中小企业融资难等。[③] 内部与外部市场的共同作用,极易引发金融开放环境下的国家安全风险,对新时代金融供给质量和风险治理水平提出了新要求。

3. 金融监管风险

当前我国的产业和区域分化,城镇化进入到以城市群为主要载体的新阶段。包括投资银行、对冲基金、货币市场基金、债券保险公司、结构性投资工具等影子银行迅速膨胀,并游离于现有的监管体系之外。在带来金融市场繁荣的同时,影子银行的快速发展和高杠杆操作使整个金融体系更加脆弱,[④]增加了金融有效监管的难度,使得金融监管规范往往滞后于金融实践发展,存在真空地带或规范层级较低等。此外,伴随着金融组织的跨国运行、资本的全球流动,单一国家的金融监管难以发挥有效作用,造成金融监管制度供给不足,其主要表现为监管缺位、监管滞后以及监管制度与预定监管目标相偏离。[⑤] 金融改革过程中的重点内容如资本监管、贷款风险、流动性监管、分业监管、问题金融机构处置和退出等也成为未来金融监管不可回避的问题。

二、贸易产业安全

各经济体在国际贸易中面临复杂激烈的竞争,世界贸易组织的贸易救济制度旨

① 万喆:《“一带一路”与金融安全》,《中国金融》,2017 年第 8 期。
② 曹胜亮:《金融开放、金融安全与涉外金融监管》,《中南财经政法大学学报》,2014 年第 3 期。
③ 樊欣、闫晨佳:《国家金融安全视角下的金融风险防范研究》,《经济研究导刊》,2019 年第 35 期。
④ 巴曙松:《金融危机下的全球金融监管走向及展望》,《西南金融》,2009 年第 10 期。
⑤ 宋晓燕:《论有效金融监管制度之构建》,《东方法学》,2020 年第 2 期。

在维护公平贸易秩序，为各成员方的产业发展创造良好的市场环境。受金融危机冲击，全球贸易保护主义明显抬头，以美国为首的国家为保护其国内市场采取反倾销、反补贴、保障措施等非关税措施抵制进口产品，近年来该现象愈演愈烈，如中美“双反”措施案的本质正是一场争议焦点纷繁复杂、围绕“双反”措施特别是反补贴领域的具体争端案件。

近期，中美贸易摩擦形势日趋严峻、贸易制裁严重。中美贸易摩擦不对称关系加剧、美国对华贸易救济范围不断扩大、对华贸易救济案件不断增加、涉案金额和反倾销税率明显提高，严重影响我国的贸易产业安全以及产业上中下游链。[①] 在此背景下，要有效运用贸易救济措施，研究WTO体制下的申诉策略，仔细研究法律争议焦点，为贸易摩擦争端案件做好充分准备，努力积累申诉经验，积极维护我国的国家经济利益。

此外，随着数字经济的快速发展，全球数字贸易进程日新月异，不仅深刻地影响着社会生产生活，也在引发国际贸易的深刻变革。与传统贸易方式相比，数字贸易能够提高交易效率、降低交易成本，并且通过创新交易方式推动贸易模式不断创新。目前，超过一半的全球服务贸易已经实现数字化，超过12%的跨境货物贸易通过数字化平台实现。[②] 研究并参与全球数字贸易规则体系的制定也将成为各经济体未来产业贸易发展的主要竞争方向之一。

三、投资流动安全

国际投资流动的主要风险主要出现在四个阶段：投资准入阶段、投资运营阶段、投资收回阶段以及投资争端索赔阶段。

1. 投资准入阶段的主要风险

投资准入阶段主要涉及的风险包括能否获得准入阶段的国民待遇以及面临海外投资的国家安全审查制度的考验。海外投资进入东道国领域内可能首先会面临行业准入的问题，这往往体现在东道国国民待遇的负面清单或其他相关规定上。当前，投资者试图争取包括准入前国民待遇在内的全程投资国民待遇，对应的负面清单已经开始向系统化、多样化的方向进行，考虑了投资的国家安全因素、特殊的行业部门因素，以及缔约国情况的差异。国家安全审查制度也已成为投资准入阶段的重

① 符廷銮：《中美贸易摩擦对我国产业安全的影响分析》，《产业经济》，2012年第9期。
② 吴伟华：《我国参与制定全球数字贸易规则的形势与对策》，《国际贸易》，2019年第6期。

要风险之一，针对的投资类型主要为并购投资。以美国外国投资委员会为例，海外投资的安全审查主要包括但不限于下列方面：强制审查，分类信息，关键技术，被许可或管理的固有的危险或敏感的经济活动，敏感的政府活动，以及关键基础设施。如果一项交易没有超过这些范围，通常不会触碰国家安全利益。[①] 典型实例如中海油收购尤先科、中铝收购力拓、华为收购三叶公司等，均因所在投资国严苛的国家安全审查制度最终导致投资失败。

2. 投资运营阶段的主要风险

投资运营阶段涉及的风险更加多样化，包括：所在投资国基于公共利益需要而将投资者资产征收归国家所有的行为，国际恐怖主义、政治动乱等危机对投资的直接影响，投资运营中的环境监管等要求，以及民族文化因素引发政治风险，等等。

3. 投资收回阶段的主要风险

投资收回阶段面临的主要风险是限制货币自由汇兑与汇率波动影响投资收益等。以俄罗斯为例，近年来卢布对美元贬值超过 50%，使得中国在俄罗斯企业的汇率风险急剧上升，直接影响了中国企业的内部利益。投资回收阶段对投资者具有更为直接的影响，决定着投资者的经济收益。在此阶段，由于东道国的不当干预，对投资待遇的落实产生了较大的阻碍。如各国普遍在国际条约中承认的公平公正待遇，要求东道国为投资者提供包括汇兑自由在内的稳定的商业环境与法律环境，但在有些国家实施情况并不理想。

4. 投资争端索赔的主要风险

国际投资索赔通常要求用尽当地救济方可启动国际投资争端解决机制，由于地方保护、投资所在国法律程序要求，会给投资索赔带来时间上的拖延。如三一重工集团启动当地诉讼程序历经三年历程，经过法院初审、上诉审阶段，并最终通过调解才告一段落。2012 年 2 月 28 日，三一重工在美国的 Ralls 公司从希腊电网公司 Terna Energy USA Holding Coorporatoin 处收购了美国俄勒冈州 Butter Creek 风场项目，并取得了该项目建设的所有审批和许可。此后，美国海外投资委员会以涉嫌威胁美国国家安全为由，要求 Ralls 立即停工，且在所有设备移除完毕前禁止转让。直至 2015 年 11 月，各方宣布该案最终进入调解阶段。本案是中国海外投资者首次运用当地司法救济解决投资争端的案例，经历了漫长的司法诉讼程序。

---

① Brandt JC Pasco, "United States National Security Reviews of Foreign Investment: From Classified Programmes to Critical Infrastructure, This is what the Committee on Foreign Investment in the United States Cares About", ICSID Review, Vol.29, No. 2, 2014, p.357.

四、战略资源安全

在国际政治经济格局中，能源资源作为战略基础资源已经表现出了强大的生命力，不仅与一国的能源储备、发展战略和国际地位相关联，而且还体现出国家的综合经济实力。在国际能源安全维护体系中，基础国际能源产品价格的波动往往将产生“蝴蝶效应”，引起全球经济波动。各国在经济发展和对外战略的制定中，无一例外地将能源投资作为国家能源安全的重点问题予以考虑。此外，从经济与环境可持续发展的角度来看，对能源资源风险的高度重视实际上就是对资源合理配置促进经济可持续发展乃至对整个国家和民族生存问题的关注。特别是在全球能源类产品价格不稳定的情况下，各国往往会根据资源类投资的潜在风险提前做出应对，积极采取全球能源战略并确保本国的能源供应安全。

能源资源实际上同东道国对自然资源的主权以及对投资管制密切相关。国家经济主权长期以来被认为是国际经济法律中的基本原则，[①]该原则在能源类投资中得到集中的体现。从国际争端实践的角度看，近年来以能源类投资为背景的国际投资争端数目逐渐增加。国际投资争端解决中心受理的全部争议案件中，有关能源投资争端的纠纷占据近半数的比例，随着全球范围内能源投资领域和范围的扩大，这一数字仍有可能不断攀升。在国际能源投资争端领域中，以国家和投资者为主体的相对复杂的法律关系以及由此产生的大量投资实体和程序争议都是国际能源投资实践中所迫切需要解决的重要问题。

五、经济信息安全

信息尤其是网络信息的发展使得主权国家处于没有边界的互联网虚拟空间中，互联网为各经济体的决策带来了重要资源，但同时也可能对国家经济安全造成潜在威胁。

传统网络信息安全的风险如基础设施薄弱、计算机病毒威胁、黑客攻击、用户隐私暴露等依然存在。人工智能和数字经济时代下，信息网络对国家经济安全的影响更加值得关注。作为一种新兴经济形态，数字经济的本质在于信息化，是由计算机

① 余劲松、吴志攀：《国际经济法》，北京：北京大学出版社和高等教育出版社，2014 年，第 8 页。

与互联网等生产工具的革命所引起的工业经济转向信息经济的一种社会经济过程。[①] 与此同时，人工智能技术的发展及其应用将给国家安全带来新的挑战。一方面，人工智能技术的介入将打破传统的战略对抗模式及其博弈的平衡，进而导致国际体系出现更大的不稳定性和不确定性；另一方面，人工智能技术在推动新一轮产业革命的同时，也将拉大国际行为主体间的能力差距，扩大资本垄断技术与市场的能力，导致社会治理面临诸如数据垄断、隐私保护等问题。[②]

可见，信息网络安全风险已经逐步显现，已经成为影响数字经济与人工智能时代信息传递与交流的重要因素，安全管控对维护国家经济安全和社会稳定具有实际价值和作用。因此，需要从战略高度充分重视经济信息安全，统筹规划并提前研判相关风险。

第四节　经济全球化背景下国家安全的法律防控

当前，国家安全形势日趋复杂，经济全球化背景下国家主权、安全和利益也面临着前所未有的多种考验。以法律手段维护国家安全、建立健全国家经济安全的法律制度体系、有效监管重点领域、积极探索法治创新、保障全方位对外开放、促进全球安全与合作，依然任重道远。

一、高度重视国家经济安全保障立法

坚持总体国家安全观，贯彻落实《国家安全法》，依法维护国家安全。2015 年实施的《国家安全法》是一部立足全局、统领国家安全各领域的综合性法律，也是国家安全领域相关立法的“法律指南”。[③] 在国家经济安全领域中，外商投资、商务信息、产业安全等立法的建立与完善尤为重要。

1. *外商投资法律体系的构建*

统计表明，近 20 年来，我国规模以上外商投资企业工业增加值平均增幅达到了 14.6%，外商投资企业税收总额占全国税收收入比重平均达 18.1%。[④] 2020 年 1 月

---

① 崔传桢、曾昭平：《数字经济时代的网络空间安全国家新战略》，《信息安全研究》，2019 年第 11 期。

② 阙天舒、张纪腾：《人工智能时代背景下的国家安全治理：应用范式、风险识别与路径选择》，《国际安全研究》，2020 年第 1 期。

③ 莫纪宏：《加强国家安全立法，不断完善国家安全法律制度体系》，《法制日报》，2020 年 7 月 1 日，第 5 版。

④ 中华人民共和国商务部：《中国外资统计公报（2019）》，资料来源：http://images.mofcom.gov.cn/wzs/201912/20191226103003602.pdf，访问日期：2020 年 8 月 30 日。

1 日,《中华人民共和国外商投资法》(以下简称《外商投资法》)及其《实施条例》以及相关司法解释正式施行,标志着“外资三法”时代的终结。随着统一《外商投资法》时代的到来,我国外商投资法律制度发生了重大变革。新《外商投资法》已经确立了外商投资制度的基本框架和规则。①

现行《外商投资法》由 6 章 41 条构成,主要围绕投资促进、投资保护、投资管理、法律责任等内容对新的外商投资法律制度做出基本规定,突出积极扩大对外开放和促进外商投资的主基调,坚持外商投资基础性法律的定位,坚持中国特色和国际规则相衔接,坚持内外资一致,努力打造公平竞争的市场环境。在投资促进方面,《外商投资法》设专章规范,提高外商投资政策的透明度,保障外商投资企业平等参与,加强外商投资服务,依法依规鼓励和引导外商投资。同时,该规范注重加强对外商投资合法权益的保护,强化对指定涉及外商投资规范性文件的约束,促使地方政府守约践诺。2020 年 10 月,《外商投资企业投诉工作办法》正式施行,将促进外商投资企业投诉及时有效处理,保护外商投资合法权益,持续优化外商投资环境。

2. 电子商务与信息安全立法

2017 年实施的《中华人民共和国网络安全法》为维护网络空间主权和国家安全、社会公共利益,保护公民、法人和其他组织的合法权益奠定了规范基础,促进经济社会信息化的健康发展。2019 年,我国《中华人民共和国电子商务法》正式施行,有效保障了电子商务各方主体的合法权益、规范电子商务行为、维护市场秩序。2020 年,《中华人民共和国数据安全法(草案)》公开征求意见,提出对数据进行分级分类保护,开展数据活动必须履行数据安全保护义务承担社会责任。

随着我国电子商务市场的蓬勃发展,个人信息跨境流动将在全球化进程中更加广泛地进行。跨境电商建设过程中的个人信息跨境流动关系到国家安全、个人隐私和经济发展。我国应多层面齐头并进构筑法律规则体系、多主体齐心协力增强信息隐私保护,特别是在发展网络安全技术的同时,制定网络安全标准以细化法律规范,并加强国际交流合作、设计对话机制,取得信息流动合作的主动权。② 在新一轮互联网新技术广泛应用的背景下,大数据时代更需要通过有效的法律规范建立起对数据安全、权益以及使用、应用的保护。

---

① 宋晓燕:《中国外商投资制度改革:从外资“三法”到〈外商投资法〉》,《上海对外经贸大学学报》,2019 年第 4 期。

② 赵骏、向丽:《跨境电商建设视角下个人信息跨境流动的隐私权保护研究》,《浙江大学学报(人文社会科学版)》,2019 年第 2 期。

3. 产业安全与保障制度完善

尽管单边主义和反全球化浪潮时而反复，严重损害国际秩序的构建，但是全球层面正在经历国际规则重构的过渡期。此时，更加需要国际层面的协调。国际经济协调即为应对全球化历史潮流，各国把“双赢”或“多赢”作为基本追求目标，发扬合作互助精神，努力在国际经济规范框架体系内，调整和改进自身经济体制、政策措施和政府行为，缓和与其他国家可能产生的贸易摩擦与冲突，进而建立和改进良好的外部经济环境。[①]

近年来，我国整体产业竞争力不断提升，在全球价值链的分工体系中地位显著提高，建立起与国际贸易规则和同行做法相衔接的产业安全政策。为确保贸易产业安全与稳定，包括出口贸易壁垒调查和贸易摩擦应对、敏感物资出口管制、进口贸易救济、产业安全预警以及产品管控等领域的规范体系仍有待完善。[②] 在我国成为全球主要经济体和贸易大国的背景下，国际贸易中的产业安全问题应当引起高度重视，并以国家安全观为指引，推动相关法律法规和具体政策的制定和实施，以抵御可能出现的风险。

二、有效监管国家经济安全重点领域

除了立法的跟进与完善，对重点领域的有效监管成为经济安全领域法律防控的重要手段。当前，国家经济安全重点领域监管集中在国家金融安全以及国家安全审查制度。

1. 维护国家金融稳定安全

在我国金融发展水平、抵御风险能力还没有达到非常理想程度的时候，金融业全市场开放确实带来了金融安全的隐忧。[③] 金融开放是一个经济学的命题，但国家治理下开不开放、如何开放及开放的程度等更是一个个法律命题。[④] 法治化路线是金融开放与金融监管的必由之路。

金融乱象决定了加强金融监管的必要性，而严峻的经济形势以及金融领域问题的积重难返则又导致监管态度的变化。司法审判作为国家治理的重要环节，无论是

---

① 石士钧：《国际经济协调论：面对经济全球化的思考》，北京：中国社会科学出版社，2015 年，第 27 页。
② 曹文：《我国对外贸易中的产业安全问题与对策建议》，《国际经济合作》，2014 年第 12 期。
③ 李晓安：《开放与安全：金融安全审查机制创新路径选择》，《法学杂志》，2020 年第 3 期。
④ 黎四奇：《新一轮对外金融开放及审慎治理的法律路径》，《厦门大学学报(哲学社会科学版)》，2020 年第 3 期。

经济还是政治上均要求其表明态度并有所作为，同时又要注重稳定性和灵活性的平衡，从而既保证政治正确又在经济上合理，有效实现金融审判和金融监管功能的互补和协同配合。[①] 一般认为，有效的金融监管是支撑金融稳定的重要支柱之一，微观审慎、宏观审慎以及完善金融基础设施是国际金融改革重点推进的三条线路。[②] 当前，我国应牢牢守住不发生系统性金融风险的底线，积极完善金融管理制度，加强监管协调，实现宏观审慎监管与微观审慎监管相结合、国际监管与国内监管相结合、行政管理与法律监管相结合，切实维护国家金融安全。

此外，随着创新性科学技术与传统金融行业的跨界融合，产生了金融科技和监管科技等新业态，进而引起金融监管、金融法治和金融法律法规的变化。科技与金融的跨界融合产生金融科技，应当引起金融监管执法部门的积极回应。监管科技是数字时代的一个通过金融科技与监管相融合而产生的金融法新概念，同时也是一种金融科技与法律相结合的典型表现方式。[③]

2. 实施国家安全审查制度

鉴于外资并购在外商直接投资中的重要份额以及外资并购安全审查的必要性，包括我国在内的主要资本输入国均已充分意识到外资并购安全审查制度的价值，并在立法和实践中不断发展和完善国内的外资并购安全审查制度，代表国家有美国、加拿大、澳大利亚等国。2013 年中国（上海）自由贸易试验区设立后，2014 年出台的《中国（上海）自由贸易实验区条例》第 37 条也明确指出建立涉及外资的国家安全审查工作机制，并于 2015 年 4 月颁布《自由贸易试验区外商投资国家安全审查试行办法》，再次重申我国已经确立的国家安全审查制度。2020 年颁布的《外商投资法》再次明确了国家建立外商投资安全审查制度以及外商投资信息报告制度。对属于国家安全审查范围的外商投资，投资者应当申请进行国家安全审查，有关管理部门、行业协会、同业企业以及上下游企业可以提出国家安全审查建议。

中国在海外投资的过程中曾屡受重创，特别是经历了因国家安全审查而被迫放弃投资的艰辛历程，国家安全审查制度是海外投资者无法回避的命题，应当引起投资者的充分关注。以美国外资安全审查制度为例，其新近修改内容包括扩大管辖权、扩展向国会报告的范围、扩大机构和总统授权、增强机构审查权，明确界定"特别

① 马荣伟：《金融监管与金融审判的冲突与合作》，《银行家》，2020 年第 2 期。
② 綦相：《国际金融监管改革启示》，《金融研究》，2015 年第 2 期。
③ 徐冬根：《论法律语境下的金融科技与监管科技——以融合与创新为中心展开》，《东方法学》，2019 年第 6 期。

关注国家”包括中国等，对于外资安全审查制度的修改会缩小外资开放空间，增加外国投资者赴美投资的难度和不确定性。[①] 为此，投资者首先应对国家安全审查涉及的机构进行了解，特别是了解审查机构的主要角色。投资者应当关注对国家安全较为敏感的行业的投资，将与国家安全审查相关机构的积极沟通纳入前期投资规划环节，仔细研究国家安全审查的重要概念，如“关键基础设施建设”等，积极探索除司法救济之外的其他救济方式（如行政救济），寻找对海外国家安全审查制度进行对话和建议的机会，在最大限度地维护海外投资者的权益。[②]

三、积极探索经济安全法治轨迹创新

建设并发展自贸试验区、自由贸易港是改革进入攻坚期、开放进入新阶段、发展进入新常态背景下，我国统筹国内国际两个大局做出的重大决策，其中法治轨迹创新对保障国家经济安全具有重要而深远的意义。

1. 自由贸易试验区制度创新

随着“一带一路”倡议的提出，我国深化国内体制改革、加快对外开放进程，通过法律法规在境内设立了多个区域作为自由贸易试验区（以下简称“自贸试验区”），实行优惠政策和特殊监管，以降低贸易和投资成本，提高贸易和投资效率，作为我国促进出口、鼓励投资的一项有效措施。目前，我国已形成上海、天津、广东、福建、辽宁、浙江、河南、湖北、重庆、四川、陕西、山东、江苏、广西、河北、云南、北京、湖南、安徽自贸试验区，上海、浙江自贸试验区增加了扩展区域。自贸试验区将对标国际先进规则，形成更多有国际竞争力的制度创新成果，推动经济发展质量变革、效率变革、动力变革，努力建成贸易投资便利、金融服务完善、监管安全高效、辐射带动作用突出的高标准高质量自由贸易园区。

其中，上海自贸试验区作为我国新一代改革开放的试验田，最具有法治意义的是形成了一种全新的、具有开创性的自贸试验区立法体系，有效处理了法律阶段性与重大改革前瞻性、法律稳定性与改革可变性、法律普适性与自贸区立法特殊性的辩证关系。[③]

---

① 沈伟：《美国外资安全审查制度的变迁、修改及影响——以近期中美贸易摩擦为背景》，《武汉科技大学学报（社会科学版）》，2019 年第 6 期。

② 张正怡：《美国国家安全审查制度的刚性、弹性与应对——以罗尔斯案为线索》，《学习与实践》，2015 年第 8 期。

③ 刘晓红、贺小勇：《中国（上海）自由贸易试验区法治建设蓝皮书》，北京：北京大学出版，2016 年，第 29—30 页。

上海自贸区于2013年8月22日经国务院正式批准设立，9月29日正式挂牌开张。自贸区的主要任务在于探索中国对外开放的新路径和新模式，加快推动政府职能转变和行政体制改革，促进转变经济增长方式和优化经济结构，实现以开放促发展、促改革、促创新，形成可复制、可推广的经验，以服务全国的发展。上海自贸区以负面清单管理为核心的投资管理制度已经建立，以贸易便利化为重点的贸易监管制度平稳运行，以资本项目可兑换和金融服务业开放为目标的金融创新制度基本确立，以政府职能转变为导向的事中事后监管制度基本形成，在进一步扩大服务业对外开放、发展服务贸易方面示范效应显著。

上海自贸试验区按照“先行先试、风险可控、分步推进、逐步完善”的要求，尽快形成与国际投资贸易通行规则相衔接的基本制度体系，主要探索建立了以下新体制：[①]第一，以准入前国民待遇和负面清单为核心的投资管理新体制；第二，以货物状态分类监管为核心的贸易监管新体制；第三，以资本可兑换和金融服务业全面开放为标志的金融监管新体制；第四，以事中、事后监管为重点的综合监管新体制。

依据国务院印发的《中国（上海）自由贸易试验区总体方案》中总体目标的规定，应着力培育国际化和法治化的营商环境，力争建设成为具有国际水准的投资贸易便利、货币兑换自由、监管高效便捷、法制环境规范的自由贸易试验区，为我国扩大开放和深化改革探索新思路和新途径，更好地为全国服务。[②] 专业化和高水平的司法纠纷解决机制的建立是自贸区良性运转的重要保障。司法作为社会正义的最后的一道防线，必须要以其专业性和权威性来保证贸易领域的正义的实现。[③] 从这个意义上而言，保证司法纠纷解决机制的高效运转是自贸区法治环境建设的重要内容，事关自贸区建设的整体法治形象。法治化是自贸试验区战略的核心要求和基本目标之一，公正高效的司法服务是自贸区建设必不可少的基本保障。此外，境内自贸区通过立法或出台政策等方式，明确了除诉讼之外的仲裁、调解等争端解决机制，为自贸区商事纠纷多元化争端解决机制提供了法制保障。

2. 自由贸易港建设总体方案

当今世界正在经历新一轮大发展大变革大调整，经济全球化遭遇更大的逆风和回头浪。自由贸易港作为历史悠久却又与时俱进的区域开放机制，承担着面向本区

---

① 丁伟：《上海自贸试验区法治创新的轨迹：理论思辨与实践探索》，上海：上海人民出版社，2016年，第8—9页。

② 国务院办公厅：《中国（上海）自由贸易试验区总体方案》，资料来源：http://www.gov.cn/zwgk/2013-09/27/content_2496147.htm，访问日期：2020年8月30日。

③ 沈国明：《法治创新：建设上海自贸区的基础要求》，《东方法学》，2013年第6期。

域乃至全世界的“经济窗口”职能。国际化的法律创新是自由贸易港制度构建的核心。自由贸易港制度的法律本质是国际法框架下的国内法创造。①

在海南建设自由贸易港，是推进高水平开放，建立开放型经济新体制的根本要求；是深化市场化改革，打造法治化、国际化、便利化营商环境的迫切需要。2020年6月，《海南自由贸易港建设总体方案》计划初步建立以贸易自由便利和投资自由便利为重点的自由贸易港政策制度体系，并推动自由贸易港制度体系和运作模式的成熟发展，以自由、公平、法治、高水平过程监管为特征的贸易投资规则基本构建，实现贸易自由便利、投资自由便利、跨境资金流动自由便利、人员进出自由便利、运输来往自由便利和数据安全有序流动，通过制度集成创新全面建成具有较强国际影响力的高水平自由贸易港。

为打造国际化、便利化的营商环境，建设完善诉讼、仲裁、调解相衔接、相协调的多元化纠纷解决机制，中国国际经济贸易仲裁委员会/中国海事仲裁委员会海南仲裁中心揭牌，将更好地运用仲裁方式解决海南自由贸易港经济融入全球化进程中产生的各种纠纷，为海南省开放型经济的发展、自贸港区的建设提供保障。②

自由贸易港建设与“一带一路”倡议在功能价值上也存在着承上启下的关联性。“一带一路”面对的是不同区域的经贸规则和法律制度，自由贸易港要构建的是最自由的贸易投资规则和最便捷的市场准入制度。③ 未来，自由贸易港将作为载体，通过建设发展加强同“一带一路”沿线国家制度和规则的对接，加快促进自贸港离岸业务的发展，推动“一带一路”倡议下的国际经济合作。

四、全方位对外开放的司法服务与保障

在推动经济全球化、促进全球治理体系变革，构建人类命运共同体的进程中，司法保障能够进一步发挥法院涉外审判职能，为更为深层次的全面开放提供服务。近年来，最高人民法院充分发挥保障对外开放的司法职能，先后出台了多份司法文件和指导性案例，立足新情况，把握大变局时代全球化的新风向，统合各方面，增强司

① 范健、徐璟航：《论自由贸易港制度的法律属性——兼论“中国海南自由贸易港法”创制的本土化与国际化》，《南京大学学报(哲学·人文科学·社会科学)》，2019年第6期。

② 中国国际经济贸易仲裁委员会：《贸仲/海仲海南仲裁中心揭牌仪式暨争议解决与自贸港建设研讨会举办》，《中国贸易报》，2020年9月10日。

③ 胡加祥：《我国建设自由贸易港若干重大问题研究》，《太平洋学报》，2019年第1期。

法保障对外开放的系统性。[①]

1. 坚持制度型开放,服务“一带一路”建设

秉持共商共建共享原则,高质量共建“一带一路”是我国支持多边贸易体制、推动发展自由贸易的一贯立场,是我国积极参与全球治理改革、推动建设开放型世界经济、支持经济全球化的实际行动。我国法院先后发布多项司法解释回应“一带一路”倡议中的法律问题,进一步创新完善涉“一带一路”案件法律适用机制规则,积极参与国际规则制定,进一步创新完善国际商事纠纷解决机制,为“一带一路”建设提供更具针对性、实效性的司法服务和保障。[②] 我国法院大力支持自由贸易试验区、自由贸易港制度创新,进行具有地方特色的制度创新,为投资、贸易、金融自由化便利化和新兴业态发展创造公平竞争的市场环境,推动自贸试验区和自由贸易港成为新时代改革开放的试验田和新高地。

相关司法服务和保障措施积极回应“一带一路”建设中外市场主体的司法关切和需求,为“一带一路”建设营造良好法治环境,如大力加强涉外刑事、涉外民商事、海事海商、国际商事海事仲裁司法审查和涉自贸区相关案件的审判工作,有效服务和保障“一带一路”建设的顺利实施,全面统筹协调,找准人民法院工作与“一带一路”建设的结合点和着力点,全面提升人民法院涉外审判工作水平。我国法院立足实际,坚定不移走中国特色社会主义法治道路,积极开展与沿线各国的司法国际合作交流,夯实“一带一路”建设的法治基础。强有力的司法保障也将促进我国准确适用国际规则,积极参与国际规则制定,努力做完善“一带一路”相关法治规则的参与者、引领者。坚持共商共建共享,强化国际司法合作,协调国际司法冲突,发挥智库作用,努力形成共建“一带一路”的法治合力。法院还将运用智慧法院建设成果,支持开展共建“一带一路”相关国家地区的法律研究和培训。合力建设“一带一路”法律数据库和案例库,及时公布适用外国法的案例,增强规则的透明度,引导当事人了解和遵守相关国家法律,降低防范法律风险。

2. 加强规范引领作用,有效促进争端解决

法院通过依法行使司法管辖权,为中外当事人提供及时有效救济,充分保障中外当事人的合法权益,增强中外当事人参与市场活动的安全感。充分尊重当事人意

---

① 刘晓红:《开启司法保障对外开放的新里程》,《人民法院报》,2020 年 9 月 27 日。

② 相关司法解释主要包括:《最高人民法院关于人民法院为“一带一路”建设提供司法服务和保障的若干意见》(法发〔2015〕9 号)、《最高人民法院关于人民法院进一步为“一带一路”建设提供司法服务和保障的若干意见》(法发〔2019〕29 号)、《最高人民法院关于人民法院服务保障进一步扩大对外开放的指导意见》(法发〔2020〕37 号)。

思自治，尊重中外市场主体协议选择司法管辖的权利。优化涉外送达机制、完善域外法查明机制，完善仲裁司法审查机制。加强涉外案件审判流程管理，探索法律适用统一化机制，提高审判质效，优化送达方式，改革纠纷调处程序，高效低成本地解决国际商事纠纷。

法院将通过及时制定涉外民商事审判相关司法解释和司法政策，确保国际商事法庭平稳运行，进一步推进国际商事法庭建设，不断提升国际商事法庭的国际影响力、公信力和吸引力。司法保障措施还将立足中国实际，借鉴各国国际商事法庭经验，优化国际商事法庭办案程序和工作机制，使更多国际商事纠纷在中国获得高效解决。结合审判实践需要，法院聚焦受疫情影响较大的运输合同、涉外商事海事案件的适用法律问题，精准服务大局、坚持问题导向、保持适度前瞻性。[①] 在此基础上，相关措施将扩大中国法的影响力，并推进我国法域外适用法律体系建设，准确适用相关准据法，鼓励和吸引国际商事纠纷当事人合意选择国际商事法庭管辖，为各国法院和仲裁机构正确理解和适用中国法提供基础。司法保障措施将适当引入域外国际商事仲裁机构、国际商事调解机构加入"一站式"国际商事纠纷解决平台。支持在地方设立的国际商事审判机构充分发挥专业审判职能，为地方创新发展提供高质量的法律服务。

此外，2019 年 7 月国务院印发的《中国（上海自由贸易试验区）临港新片区总体方案》已允许境外知名仲裁及争议解决机构在新片区开展仲裁业务，标志着境外仲裁机构内地仲裁的改革工作取得了实质性进展。推动仲裁制度的改革和市场的开放，是促进制度型开放的应有之义。允许境外仲裁机构在内地开展仲裁业务，更是在国际仲裁全球竞争的外部压力与中国参与全球治理内在需求共同作用下的应然选择。[②]

五、促进全球经济安全与稳定的国际合作

在推动构建新型国际关系和人类命运共同体的目标下，我国将更加注重国际法的运用，将共商共建共享的全球治理观落到实处，促进全球经济发展与各国合作共赢。

---

① 人民法院新闻传媒总社：《最高人民法院发布关于依法妥善审理涉新冠肺炎疫情民事案件若干问题的指导意见》，资料来源：最高人民法院国际商事法庭，http://cicc.court.gov.cn/html/1/218/149/156/1604.html，访问日期：2020 年 9 月 14 日。

② 刘晓红、冯硕：《制度型开放背景下境外仲裁机构内地仲裁的改革因应》，《法学评论》，2020 年第 3 期。

1. 积极参与国际经贸规则重构

当前国际经贸规则重构主要以双边、区域一体化为主。随着世界经济再平衡的启动，美国不再遵循全球价值链对已有国际规则进行深化，在区域协定中加入“非市场经济国家”条款，直指中国的贸易政策。[①] 在此背景下，中国将更加积极地参与国际经贸规则重构。

在全球层面，中国将坚定不移地维护多边经贸规则的更新与完善。国际贸易格局的演变及贸易规则重构，归根到底是由国际产业结构的调整和各国产品的国际竞争力决定的。在新一代贸易规则重构中，推动市场进一步开放、削减贸易与投资壁垒仍是规则制定与完善的基本方向和核心。[②] 多年来，世界贸易组织在维护多边贸易秩序、解决成员方贸易争端方面发挥了不可或缺的作用。已有不少成员提出对该组织进行改革，以完善运行。其中中国的建议可以归纳为“三原则”和“五主张”，[③]包括维护多边贸易体制的核心价值、保障发展中成员的发展权益、遵循协商一致的决策机制三项原则，以及如下五点主张：第一，维护多边贸易组织的主渠道地位；第二，优先处理危及世界贸易组织生存的关键问题；第三，解决贸易规则的公平问题和回应时代发展的需要；第四，保证发展中国家成员的特殊与差别待遇；第五，尊重成员各自的发展模式。

在区域层面，当前国际经贸谈判已从全球转向区域，正在或已经形成了以强有力争端解决机制为代表的贸易便利化与投资自由化内容的协定。我国正在参与一系列自由贸易协定的谈判，并推动亚太地区经济一体化的建设，已经签署 17 项自由贸易协定，涉及 25 个国家和地区。[④] 正在进行的《区域全面经济伙伴关系协定》(RCEP)谈判正在推进之中，在投资领域提供既有战略性又有针对性的指导，并敦促成员国以积极建设性的姿态继续参与谈判进程是各国部长们的承诺。如期签署 RCEP 将有力提振发展信心，为区域各国乃至全球经济复苏注入新动力，同时也有利于维护多边贸易体制，确保本地区产业链、供应链安全、稳定，推动开放型世界经济建设，构建人类命运共同体。[⑤] 目前“一带一路”倡议下有关投资保护和争端解决

---

① 翁国民、宋丽：《〈美墨加协定〉对中国经贸规则的影响及中国之因应》,《浙江社会科学》,2020 年第 8 期。

② 陆燕：《在全球价值链中寻求制度性话语权——新一轮国际贸易规则重构与中国应对》,《人民论坛 · 学术前沿》,2015 年第 12 期。

③ 中华人民共和国商务部世界贸易组织司：《中国关于世贸组织改革的建议文件》(2019 年 5 月 13 日提交),资料来源：中华人民共和国商务部世界贸易组织司(中国政府世界贸易组织通报咨询局),http://sms.mofcom.gov.cn/article/cbw/201905/20190502862614.shtml,访问日期：2020 年 9 月 12 日。

④ 资料来源：中国自由贸易区服务网,http://fta.mofcom.gov.cn/index.shtml,访问日期：2020 年 9 月 12 日。

⑤ 商务部新闻办公室：《钟山部长出席〈区域全面经济伙伴协定〉(RCEP)部长级视频会议》,资料来源：http://fta.mofcom.gov.cn/article/zhengwugk/202008/42997_1.html,访问日期：2020 年 9 月 12 日。

的国际条约规则不够明显，仍然是以外交倡议为主。[①] 在全球主要经济体正在克服国际经贸体系破碎化的背景下，我国应更加主动参与区域协定谈判，并提出经贸争端解决的建设性方案，引领国际保护标准走向，最终形成有利于自身竞争的国际经贸法律框架。

2. 优化国际经济争端解决机制

在经贸争端解决机制的优化方面，我国在坚定维护联合国、世界贸易组织等多边平台的立场上，应以更加积极主动的姿态参与区域国际经济规则的构建，这也是对我国投资者海外投资国际法律保障制度的构建和完善。我国在现有区域协定的基础上，可以考虑以双边投资保护协定的范围为蓝本进一步扩大"一带一路"倡议下的区域合作机制，鼓励发挥沿线国家平台的建设性作用，并结合沿线国家和地区的实际情况深入探讨区域投资争端解决机制的可能性和现实性。[②] 当前，国际经济争端解决方式中的司法、仲裁、调解已经分别形成了自身的全球性公约，构成了国际经济争端解决的"三驾马车"。

在司法协助领域，以海牙国际私法会议为代表的国际组织就国际民商事判决的流通进行了多年研究。2005 年 6 月 30 日，海牙国际私法会议第二十次外交大会通过了《选择法院协议公约》，旨在确保法院选择协议的有效性，已获得绝大多数欧盟国家的批准加入。我国已于 2017 年 9 月 12 日签署该公约。该公约首次为民商事判决建立起全球法律框架，是新世纪国际社会最重要的管辖权和判决承认与执行公约，中国自始至终都参加了该公约的谈判。该公约有利于促进我国法院判决的跨国执行、促进我国协议管辖制度和判决承认与执行制度的完善、倒逼我国国际商事仲裁制度的完善、促进"一带一路"倡议和人类命运共同体理念的实现，为完善中国涉外司法与国际仲裁制度，提升中国在国际民商事争议解决市场上的竞争力，推动"一带一路"建设提供更加有效的法治保障。[③] 2019 年 7 月 2 日，海牙国际私法会议第二十二次外交会议讨论通过《民商事领域外国判决承认与执行公约》。跨境判决流动将确保一国法院的判决能够在他国得到承认与执行，从而消除国家之间承认与执行外国判决的国内规则的分歧。各国对于以制定一部多边国际公约的方式，创设一个国际社会关于外国民商事法院判决的承认和执行，实现外国民商事法院判决全球通行的全新的国际司法制度的意愿是非常强烈的，时机也已成熟，该领域国际立法

---

① 龚柏华、何力、陈力：《"一带一路"投资的国际法》，上海：复旦大学出版社，2018 年，第 35 页。
② 张正怡：《论晚近区域协定中投资争端解决机制的创新及其启示》，《商务研究》，2018 年第 3 期。
③ 肖永平：《批准〈选择法院协议公约〉的利弊分析及我国的对策》，《武大国际法评论》，2017 年第 5 期。

的经验也已经足够丰富，通过进一步谈判，以灵活态度解决尚存问题，最终就整个公约文本达成全面共识，前途应该是光明的。①

在仲裁争端解决领域，《承认与执行外国仲裁裁决公约》（以下简称《纽约公约》）自1958年通过以来，已有缔约方165个，②充分体现了该公约在仲裁裁决承认与执行领域的全球影响力。《纽约公约》有效地促进了世界各国在国际商事仲裁立法与实践的统一，使得仲裁裁决能够在世界上得到普遍承认与执行。《纽约公约》不仅是联合国贸易法委员会的重要成果，更是仲裁裁决跨境执行的基石，对未来解决国际经贸争议具有前瞻性和指导性作用。③

在调解争端解决领域，《联合国关于调解所产生的国际和解协议公约》（以下简称《新加坡调解公约》）于2019年8月在新加坡开放签署，并于2020年9月12日正式生效。④《新加坡调解公约》与《纽约公约》从制定背景、实际需求和内容的规定等方面都存在许多相同点，促进了多元化争端解决机制的推出，增加了国际社会对商事往来的信心。《新加坡调解公约》是迄今为止执行和解协议领域的第一个公约，突破了传统对于和解协议合同性质的局限，该公约制定的重要目的在于进一步推广调解的适用，而和解协议的执行仅仅是推广调解适用的措施之一。⑤《新加坡调解公约》被誉为国际商事调解发展史上的一个里程碑，其出台将对国际争端解决产生深远的影响。加入公约有利于改善我国的营商环境、不断完善商事调解制度，为“一带一路”背景下多元化纠纷解决机制的建设提供更有力保障，并能够促进我国的商事调解与国际接轨，加快我国建成国际商事纠纷解决中心的步伐。⑥

3. 推动全球治理深入融合发展

以解决全球性问题、维持正常的国际政治经济秩序为目的的全球治理，往往以具有约束力的国际规制和有效的国际合作为路径。在以国家实力为基础的传统国际关系正在或已经向以理性规范为基础的国际关系转变的当下，国际法治在公正、合理、有效地开展全球治理中具有更加举足轻重的地位。反过来，为了共同应对全球性挑战而进行的全球治理，也对国际法治提出了更高要求，包括以优化全球治理

---

① 徐国建：《被攻克的最后堡垒：2019年〈海牙判决公约〉所涉关键问题评析》，《上海政法学院学报（法治论丛）》，2020年第2期。

② 联合国贸易法委员会：《承认与执行外国仲裁裁决公约》状态，资料来源：https://uncitral.un.org/en/texts/arbitration/conventions/foreign_arbitral_awards/status2，访问日期：2020年9月24日。

③ 张莉：《〈纽约公约〉六十年为国际贸易和投资保驾护航》，《中国对外贸易》，2018年第11期。

④ 联合国贸易法委员会：《联合国关于调解所产生的国际和解协议公约》状态，资料来源：https://uncitral.un.org/en/texts/mediation/conventions/international_settlement_agreements/status，访问日期：2020年9月24日。

⑤ 赵云：《〈新加坡调解公约〉：新版〈纽约公约〉下国际商事调解的未来发展》，《地方立法研究》，2020年第3期。

⑥ 刘晓红、徐梓文：《〈新加坡公约〉与我国商事调解制度的对接》，《法治社会》，2020年第3期。

体系为宗旨的推动创新国际法、以提高全球治理效率为目的的强化遵从国际法和以实现全球治理价值为归宿的公正适用国际法等。[①] 2019 年 10 月，中国共产党第十九届中央委员会第四次全体会议通过《中共中央关于坚持和完善中国特色社会主义制度、推进国家治理体系和治理能力现代化若干重大问题的决定》明确提出，加强涉外法治工作，建立涉外工作法务制度，加强国际法研究和运用，提高涉外工作法治化水平，要求进一步加强国际法研究和运用。

在后疫情时代，应当看到，公共卫生已经超出了狭义的医疗卫生范畴。传染病控制涉及贸易、人权、环境、劳工与武器控制等多个领域。世界卫生组织（WHO）在维护国际公共卫生安全方面有着广泛的责任，具有领导和促进国际卫生法律理性和有效发展的唯一授权。[②] 因此，WHO 在国际公共卫生治理领域的主导作用以及领导和协调功能应当得到充分发挥。与此同时，在国际贸易受到影响和限制的背景下，各国应考虑接受适当的风险标准，以便在保护人类健康和保持国际贸易的有序进行之间寻找新的平衡。[③]

推动构建人类命运共同体，是习近平新时代中国特色社会主义思想的重要组成部分，对国际法治创新产生了显著的指导意义。构建人类命运共同体思想契合当代国际法发展大势，具有丰富的国际法内涵，是对当代国际法的弘扬和发展。全球治理关系也是推动构建人类命运共同体的重要方面，在更广领域更高水平参与全球治理，继续发挥大国作用，积极参与全球治理体系改革和建设，推动国际秩序向更加公正合理方向发展。[④] 2020 年新冠疫情的暴发，再次印证了人类是一个休戚与共的命运共同体。在应对这场全球公共卫生危机的过程中，构建人类命运共同体的迫切性和重要性更加凸显。[⑤] 2020 年 9 月 11 日，联合国大会通过决议，敦促会员国通过加强国际合作与团结互助应对新冠疫情，称开展国际合作，践行多边主义，团结互助，是全世界有效应对新冠疫情等全球危机的唯一途径。[⑥]

在中国特色社会主义进入新时代这一宏大的历史背景下，我国逐渐从国际法的被动接受者转变为维护者、塑造者，并深度融入以国际法为基础的国际秩序，成为各主要国际机构和国际谈判不可或缺的一方。我国在国际法领域一贯坚持和平共处

---

① 黄进：《习近平全球治理与国际法治思想研究》，《中国法学》，2017 年第 5 期。

② 刘晓红：《国际公共卫生安全全球治理的国际法之维》，《法学》，2020 年第 4 期。

③ 边永民：《新型冠状病毒全球传播背景下限制国际贸易措施的合规性研究》，《国际贸易问题》，2020 年第 7 期。

④ 徐宏：《人类命运共同体与国际法》，《国际法研究》，2018 年第 5 期。

⑤ 刘晓红：《国际公共卫生安全全球治理的国际法之维》，《法学》，2020 年第 4 期。

⑥ 王頔：《联合国大会通过新冠肺炎疫情决议》，资料来源：http://news.china.com.cn/world/2020-09/14/content_76700013.htm，访问日期：2020 年 9 月 14 日。

五项原则，在相互尊重的前提下积极建设全球伙伴关系网络，坚持正确义利观，向国际社会贡献越来越多的公共产品，中国在国际法领域更加开放、自信、包容、进取。[①] 近年来，中国发起创办亚洲基础设施投资银行、金砖国家新开发银行，设立丝路基金，成功举办国际进口博览会、国际服务贸易博览会，为全球治理贡献中国理念和中国方案，国际影响力不断扩大。中国也将在经济全球化背景下继续深入参与全球治理，注重运用国际法思维和法治思维，为全球经济健康稳定发展创造更加公正合理有序的国际法治环境，为全人类共同进步贡献中国力量。

① 中华人民共和国外交部条约法律司：《中国国际法实践案例选编》，北京：世界知识出版社，2018 年，第 19 页。

后　记

在思想史上，许多的经典著作是来自思想家最初的上课讲义，而由讲义到成书又是一次思想再生产过程，本书正是在《大国安全》课程讲义的基础上修改而成的。

由于本书撰写的专家众多，且各专家分别来自不同的学科和专业，一方面，为分析大国安全提供全方位、多元化的观点，特别是针对同一个问题，来自不同领域专家的不同视角的深入浅出、浅入深出的阐述，使问题的视域、内核、关系逻辑及解决路径等立体化地呈现出来；但是，另一方面，也有发生"形散""神散"的可能，为此主编在本书撰写前、修改过程中多次召开会议，与专家共商后达成共识，即在多元性的基础上，做到统一性。首先，在内容上，要紧紧聚焦习近平总书记总体国家安全观重要思想和《中华人民共和国国家安全法》相关条文，并把十九大精神融入相应章节中，与此同时兼顾大学生普遍关注的国内外重大安全热点事件和理论问题等。其次，在价值目标上，作为"中国系列"思政课选修课的教辅读物，每个专家要挑起"思政担"，在字里行间要体现"思政味"，达到实现立德树人的目的。

本书各章撰稿分工如下：第一章作者是上海政法学院原党委书记杨俊一教授；第二章作者是上海政法学院国际事务与公共管理学院院长汪伟民教授；第三章作者是上海国际问题研究院原院长杨洁勉研究员；第四章作者是上海政法学院经济法学院副院长杨华教授；第五章作者是上海政法学院"一带一路"安全研究院王蔚教授；第六章作者是浙江大学非传统安全与和平发展研究中心主任余潇枫教授；第七章作者是上海合作组织研究院院长袁胜育教授；第八章由原上海政法学院教授张远新编；第九章作者是上海政法学院校长刘晓红教授。需要说明的是，讲课中的精彩问答，暂没有收录本书。全书由主编修改和统稿。

本书在出版过程中得到了中共上海市委宣传部和上海市教委的重要指导和大力支持，在此表示衷心感谢。

吴　强

图书在版编目（CIP）数据

大国安全 / 吴强主编. — 上海：上海教育出版社，2021.3（2021.12重印）
ISBN 978-7-5720-0298-4

Ⅰ. ①大… Ⅱ. ①吴… Ⅲ. ①国家安全 – 研究 – 中国
Ⅳ. ①D631

中国版本图书馆CIP数据核字(2021)第043933号

责任编辑　邹　楠
封面设计　郑　艺

大国安全
吴　强　主编

出版发行　上海教育出版社有限公司
官　　网　www.seph.com.cn
地　　址　上海市闵行区号景路159弄C座
邮　　编　201101
印　　刷　昆山市亭林印刷有限责任公司
开　　本　700 × 1000　1/16　印张 10.75
字　　数　187 千字
版　　次　2021年4月第1版
印　　次　2021年12月第2次印刷
书　　号　ISBN 978-7-5720-0298-4/D·0002
定　　价　58.00 元

如发现质量问题，读者可向本社调换　电话：021-64373213